海上絲綢之路基本文獻叢書

海外紀事（下）

〔清〕釋大汕 撰

文物出版社

圖書在版編目（CIP）數據

海外紀事. 下 / （清）釋大汕撰. -- 北京 : 文物出版社, 2022.6
（海上絲綢之路基本文獻叢書）
ISBN 978-7-5010-7552-2

Ⅰ. ①海… Ⅱ. ①釋… Ⅲ. ①中越關係－國際關係史－史料－清代 Ⅳ. ① D829.333

中國版本圖書館 CIP 數據核字 (2022) 第 065624 號

海上絲綢之路基本文獻叢書
海外紀事（下）

著　　者：〔清〕釋大汕
策　　划：盛世博閱（北京）文化有限責任公司

封面設計：鞏榮彪
責任編輯：劉永海
責任印製：張道奇

出版發行：文物出版社
社　　址：北京市東城區東直門内北小街 2 號樓
郵　　編：100007
網　　址：http://www.wenwu.com
郵　　箱：web@wenwu.com
經　　銷：新華書店
印　　刷：北京旺都印務有限公司
開　　本：787mm×1092mm　1/16
印　　張：14.25
版　　次：2022 年 6 月第 1 版
印　　次：2022 年 6 月第 1 次印刷
書　　號：ISBN 978-7-5010-7552-2
定　　價：98.00 圓

總緒

海上絲綢之路，一般意義上是指從秦漢至鴉片戰争前中國與世界進行政治、經濟、文化交流的海上通道，主要分爲經由黄海、東海的海路最終抵達日本列島及朝鮮半島的東海航綫和以徐聞、合浦、廣州、泉州爲起點通往東南亞及印度洋地區的南海航綫。

在中國古代文獻中，最早、最詳細記載『海上絲綢之路』航綫的是東漢班固的《漢書·地理志》，詳細記載了西漢黄門譯長率領應募者入海『齎黄金雜繒而往』之事，書中所出現的地理記載與東南亞地區相關，并與實際的地理狀况基本相符。

東漢後，中國進入魏晋南北朝長達三百多年的分裂割據時期，絲路上的交往也走向低谷。這一時期的絲路交往，以法顯的西行最爲著名。法顯作爲從陸路西行到印度，再由海路回國的第一人，根據親身經歷所寫的《佛國記》（又稱《法顯傳》）一書，詳細介紹了古代中亞和印度、巴基斯坦、斯里蘭卡等地的歷史及風土人情，是瞭解和研究海陸絲綢之路的珍貴歷史資料。

隨着隋唐的統一，中國經濟重心的南移，中國與西方交通以海路爲主，海上絲綢之路進入大發展時期。廣州成爲唐朝最大的海外貿易中心，朝廷設立市舶司，專門管理海外貿易。唐代著名的地理學家賈耽（七三〇～八〇五年）的《皇華四達記》記載了從廣州通往阿拉伯地區的海上交通『廣州通夷道』，詳述了從廣州港出發，經越南、馬來半島、蘇門答臘半島至印度、錫蘭，直至波斯灣沿岸各國的航綫及沿途地區的方位、名稱、島礁、山川、民俗等。譯經大師義浄西行求法，將沿途見聞寫成著作《大唐西域求法高僧傳》，詳細記載了海上絲綢之路的發展變化，是我們瞭解絲綢之路不可多得的第一手資料。

宋代的造船技術和航海技術顯著提高，指南針廣泛應用於航海，中國商船的遠航能力大大提升。北宋徐兢的《宣和奉使高麗圖經》詳細記述了船舶製造、海洋地理和往來航綫，是研究宋代海外交通史、中朝友好關係史、中朝經濟文化交流史的重要文獻。南宋趙汝適《諸蕃志》記載，南海有五十三個國家和地區與南宋通商貿易，形成了通往日本、高麗、東南亞、印度、波斯、阿拉伯等地的『海上絲綢之路』。宋代爲了加强商貿往來，於北宋神宗元豐三年（一〇八〇年）頒佈了中國歷史上第一部海洋貿易管理條例《廣州市舶條法》，并稱爲宋代貿易管理的制度範本。

元朝在經濟上採用重商主義政策，鼓勵海外貿易，中國與歐洲的聯繫與交往非常頻繁，其中馬可·波羅、伊本·白圖泰等歐洲旅行家來到中國，留下了大量的旅行記，記録元代海上絲綢之路的盛况。元代的汪大淵兩次出海，撰寫出《島夷志略》一書，記録了二百多個國名和地名，其中不少首次見於中國著録，涉及的地理範圍東至菲律賓群島，西至非洲。這些都反映了元朝時中西經濟文化交流的豐富内容。

明、清政府先後多次實施海禁政策，海上絲綢之路的貿易逐漸衰落。但是從明永樂三年至明宣德八年的二十八年裏，鄭和率船隊七下西洋，先後到達的國家多達三十多個，在進行經貿交流的同時，也極大地促進了中外文化的交流，這些都詳見於《西洋蕃國志》《星槎勝覽》《瀛涯勝覽》等典籍中。

關於海上絲綢之路的文獻記述，除上述官員、學者、求法或傳教高僧以及旅行者的著作外，自《漢書》之後，歷代正史大都列有《地理志》《四夷傳》《西域傳》《外國傳》《蠻夷傳》《屬國傳》等篇章，加上唐宋以來衆多的典制類文獻、地方史志文獻，集中反映了歷代王朝對於周邊部族、政權以及西方世界的認識，都是關於海上絲綢之路的原始史料性文獻。

海上絲綢之路概念的形成，經歷了一個演變的過程。十九世紀七十年代德國地理學家費迪南・馮・李希霍芬（Ferdinad Von Richthofen，一八三三～一九〇五），在其《中國：親身旅行和研究成果》第三卷中首次把輸出中國絲綢的東西陸路稱爲『絲綢之路』。有『歐洲漢學泰斗』之稱的法國漢學家沙畹（Édouard Chavannes，一八六五～一九一八），在其一九〇三年著作的《西突厥史料》中提出『絲路有海陸兩道』，蘊涵了海上絲綢之路最初提法。迄今發現最早正式提出『海上絲綢之路』一詞的是日本考古學家三杉隆敏，他在一九六七年出版《中國瓷器之旅：探索海上的絲綢之路》中首次使用『海上絲綢之路』一詞；一九七九年三杉隆敏又出版了《海上絲綢之路》一書，其立意和出發點局限在東西方之間的陶瓷貿易與交流史。

二十世紀八十年代以來，在海外交通史研究中，『海上絲綢之路』一詞逐漸成爲中外學術界廣泛接受的概念。根據姚楠等人研究，饒宗頤先生是華人中最早提出『海上絲綢之路』的人，他的《海道之絲路與昆侖舶》正式提出『海上絲路』的稱謂。選堂先生評價海上絲綢之路是外交、貿易和文化交流作用的通道。此後，大陸學者馮蔚然在一九七八年編寫的《航運史話》中，使用『海上絲綢之路』一詞，這是迄今學界查到的中國大陸最早使用『海上絲綢之路』的人，更多地限於航海活動領域的考察。一九八〇年北京大學陳炎教授提出『海上絲綢之路』研究，并於一九八一年發表《略論海上絲綢之路》一文。他對海上絲綢之路的理解超越以往，且帶有濃厚的愛國主義思想。陳炎教授之後，從事研究海上絲綢之路的學者越來越多，尤其沿海港口城市向聯合國申請海上絲綢之路非物質文化遺産活動，將海上絲綢之路研究推向新高潮。另外，國家把建設『絲綢之路經濟帶』和『二十一世紀海上絲綢之路』作爲對外發展方針，將這一學術課題提升爲國家願景的高度，使海上絲綢之路形成超越學術進入政經層面的熱潮。

與海上絲綢之路學的萬千氣象相對應，海上絲綢之路文獻的整理工作仍顯滯後，遠遠跟不上突飛猛進的研究進展。二〇一八年厦門大學、中山大學等單位聯合發起『海上絲綢之路文獻集成』專案，尚在醖釀當中。我們不揣淺陋，深入調查，廣泛搜集，將有關海上絲綢之路的原始史料文獻和研究文獻，分爲風俗物産、雜史筆記、海防海事、典章檔案等六個類别，彙編成《海上絲綢之路歷史文化叢書》，於二〇二〇年影印出版。此輯面市以來，深受各大圖書館及相關研究者好評。爲讓更多的讀者親近古籍文獻，我們遴選出前編中的菁華，彙編成《海上絲綢之路基本文獻叢書》，以單行本影印出版，以饗讀者，以期爲讀者展現出一幅幅中外經濟文化交流的精美畫卷，爲海上絲綢之路的研究提供歷史借鑒，爲『二十一世紀海上絲綢之路』倡議構想的實踐做好歷史的詮釋和注脚，從而達到『以史爲鑒』『古爲今用』的目的。

凡例

一、本編注重史料的珍稀性，從《海上絲綢之路歷史文化叢書》中遴選出菁華，擬出版百冊單行本。

二、本編所選之文獻，其編纂的年代下限至一九四九年。

三、本編排序無嚴格定式，所選之文獻篇幅以二百餘頁爲宜，以便讀者閱讀使用。

四、本編所選文獻，每種前皆注明版本、著者。

五、本編文獻皆爲影印，原始文本掃描之後經過修復處理，仍存原式，少數文獻由於原始底本欠佳，略有模糊之處，不影響閱讀使用。

六、本編原始底本非一時一地之出版物，原書裝幀、開本多有不同，本書彙編之後，統一爲十六開右翻本。

目録

海外紀事（下）

海外紀事（下）

卷三至卷六

〔清〕釋大汕 撰

清康熙十二年寶鏡堂刻本

海外紀事卷三

嶺南長壽石頭陀大汕厂翁譔

余以暫假南來北行有待常住修造未了大衆懸望決計六月即理歸帆客有以此意達王前者王惆然曰此雖下國荒涼老和上既惠然肯來縱不堪三年五載亦勉留一二年畧盡遠迎供養之心何遽言歸忍棄人煢煢孤獨也次日延進宮深談欵曲記自初見時首勸之入貢請封以正名位至是將歸言及我朝

太祖
太宗忠厚開基
世祖皇帝仁慈丕創鴻業又能崇信三寶延供玉林
木陳和尚于蕉園　御書敬佛二字并遵梵網經
具戒比丘爲出世人不應跪拜天子王侯頒行墨
刻一卷銀鉤鐵畫足爲後世楷模好讀書手抄古
文數尺佛相伽藍俱七寶莊嚴送兩和尚還山無
一不令人歎仰
今皇上復神聰天縱文明武備蕩平海宇久道深仁

賑濟飢荒蠲免數省錢糧天下萬民畏威懷德尤爲不世出之主文武羣臣仰體君心茲兩廣總督將軍提督司道諸公皆清廉正大坐鎮百粵爲政以德法令以嚴溫厚和平不怒而威軍民稱頌深得封疆大人體段誠熙朝有道之時王當進表歸極無復遲也王曰今聞老和上親述始得其詳然某猥處海隅素昧禮教向化之心雖有爲小國從未請命通貢設使驟然拜表邊界大臣未必便肯齎遣上達則徒費往返矣老和上旣不允淹留下

國還山後將某情陳述於粵中當事許貢信來備就土物而後修表舉行斷不爽約也并問中朝內外老成柱石以及清華英俊之彥余據內大臣及閣部諸君子一一舉所知以對晚歸禪林爲寄丁常侍洽光榷使五古一首

眺攬大越勝曲如折釵股沙磧耀銀光蒼山堆翠羽美人行不來野色自終古眠花犀象多齒角亦可取孔雀啄花藤龍腦奇楠樹以斯貨四方因之集商賈田稻歲三収不糞任沃土笏竹

當城垣驅象作軍伍雖不明綱常尚復知臣主
問我中朝彥承恩近誰溥爲逃丁黃門奉命
來大庾耳目寄親臣邊關託肺腑衣賜御袍新
天廚分玉脯本朝清華士如此不多數浩浩恩
波長行將及海游使來正采風旦暮還入輔大
越請貢心歸爲陳縷縷
國中風俗民最苦土田甚稀穀不足以贍土著順
化會安一帶俱仰粟他境土音喚飯爲甘不易得
飽或以魚鰕蔬果當飯飧無常期也依山阻海

稍有平沙即爲民居隨戶口多少爲一社社有該
有長有田則種稻輸於公者七八私得二三而已
餘但漁樵所得歸於該長給還而後敢取然猶歲
納身稅錢十二千竹木鹽米綾絹一切物料各隨
上貢王有公事該社差撥往役裹糧以從市肆買
賣皆婦女無內外之嫌風俗節義蕩然矣每視其
民亦非愚頑不可教化者皆由上人教養之政不
行誠得聖君任賢分牧閑其一往邪辟教以孝弟
忠信禮義廉恥使率循於大道十年生聚十年教

訓安在蠻夷陋俗不轉成華風樂土耶惜乎生民之不幸也感慨因懷陳廣州

昔日五仙騎五羊今朝五馬駕黃堂仙人雖去歲常稔太守自到民又康廣州發縣一十七連山枕海萑苻竊當宁經營數十年閭閻耕鑿事粗畢忽逢大水天降災我公此日下車來淋漓露冕往安集中宵蒿目空徘徊稻田穀熟浸糜爛亦無荔枝與龍眼尚傳寶玉此鄉多使橐金裝上魚貫石門泉脉草離離明珠翠羽至今悲

幾度經過動懷古清風長匝大夫祠誰道古人不可見君與吳侯成一片別來歲月噢咻深士習民風定丕變憶君眞切爲生民數採荒唐及野人飯我維摩香積供還承移贈篋中珍荏苒相違更五月日南邊鄙嗟雕結安得如公教化開一變爨風同百粵

世界無所謂華夷自聖人出而分之耳草昧之初茹毛飲血不識不知與禽獸無別迨生聚日繁奸頑者遂以權術相雄長究竟非以道德服人也於

是天生聖人不忍同類者相傾相軋等於禽獸為之兵刑以定暴亂禮樂以化奸邪政教漸興城郭宮室宗廟祭祀尊卑貴賤莫不蔚然有秩有序遂成文治之世是華亦自聖人而得名也若夫山海間阻聖王征討所不及聲教難通自為君長久安於鄙陋朴僿之習不復講求乎等威度數雖成定分然勢力相服尚不免於戰爭獨士卒中兵衆人長技至取威定覇非設奇神變何由自立於不可勝以制人之可勝乎故國中多談武備不尚文德

余到大越有四朝元老東朝侯最初請見與若子文職世男皈依老僧此中人喜詐僞惟東朝喬梓與人交素心平實不以勳名富貴矜詡冲澹有華夏風亟以數學奇門遁甲等殷殷請益余曰方外朽人未嘗從事於此曰否則老和上在王府作佛事圓滿時何能立止風雨素聞結茆華山曾遇異人秘授求之再三言及五行衍遁元爲救時方便之法每因荒旱祭風禱雨偶一爲之世人所傳者此耳今不難舉以授公但可傳者法而用法在人

必精誠專一歲月修持使法成在我方能變化無窮臨機不爽不然徒守其法而形幻多端安能隨機應用無所窒礙那時彼拜求懇切不休言老和上大慈肯傳弟子誓辦一副肯心不論十年五載必求其法感格相通而後已將盡此生形壽奉爲濟民利國之事斷不敢損人利已取罪上天也余念其誠懇篤信聊輯五行衍道祭煉日時尅配度數大槩與之并爲序

大凡人耳目意想所能及謂之常耳目意想不

能及謂之異奇則神明不測尤異中變幻倏忽莫可端睨能奪造化之權轉生殺之用而宰制於先者也蓋自陰陽旣判秩分五行於是權在造化尅制限定而不可移惟奇則直取混元一氣之機在鴻濛無朕之始驅陰陽破五行爲造化之權所不能制然其爲類多端上而天下而地中而人其間若法若理若事若物各分門類凡動靜取舍行止進退一切從此出入自然出人意想之外而常足以制人卽造物亦所不能

限所以有時而衍則布散無窮有時而遁則消歸無有有時卽衍卽遁則減多爲少有時卽遁卽衍則雖無實有轉衍歸遁則以生用殺轉遁成衍則全殺皆生故衍中有遁遁中有衍神明變幻不可窺測者非同奇門也要以方位之陰陽五行有定而生旺死絕因之年月日時之陰陽五行有度而孤虛旺相爲之當生旺之方又値旺相之度全衍全遁雖可取勝尚恐機或差之毫釐當死絕之方値孤虛之度惟卽遁卽衍

即衍即遁可以制吉尤貴機轉於眥睫其法貴
運用之妙存乎一心而能取混元一氣之機者
信非其人不可所謂有治人無治法此也今分
門別類以傳其人修持者其慎之與其慎之與
閒大學士豪德侯閱余論詩談道復啓亦雖歎服
終以摩訶爲貢如體之不謬知彼認病作藥自以
爲是既在見聞何能隱默不以忠告發明因再書
與之曰
前辱華翰戒期在邇草率報謝未盡私衷茲細

由繹大敎如坐春風和靄中也昔李都尉有天雲瓶水之作與藥山莫逆諸方傳爲美談今君侯高吟見惠般若風摩訶月更以清涼圓明之論不讓李公於前矣士君子中求一留心吾道者豈但星中月雞中鶴直如火裏蓮花得不並駕李公而稱雙美乎若皎然靈一諄諄以聲律辭華受知嘉祐長卿輩又何足與君侯道哉夫位至三公權衡六部不離七情五欲勢利聲色之鄉而置身澹漠不爲富貴汩沒非於無量千

萬佛所宿植靈根深抱良知而再來安得至是
耶老僧幸叨錯愛不揣自愚竊謂尊作中所云
摩訶乃歎大之稱般若係智慧之種摩訶原無
定體般若本有來由素閑般若風未見摩訶月
即使以摩訶言大月而對般若風雖字是義非
句到意不到也況近體七律律法應嚴忝在道
交代易菩提月對般若風不亦穩當前報小札
未盡言者以君侯爲慧業文人自有會心也不
意來翰復示以摩訶爲眞如之體圓明比月是

則是矣不知將眞如作何物而可以摩訶爲其體請此一會始不惑他岐路正好百尺竿頭進步也不然直饒言言歸體句句朝宗盡駕一偏空說矣老僧直陳左右實愛君侯不從他人口角取涎特立識見劈空硬指古人云三字此一副雄毅膽量儘足承當本分大事爲佛國一座干城惟恐不能保重自是其是不恤路人指摘且喜能容忍而不動心故爲冒昧相激耳昔韓信遇淮陰少年受辱胯下子房遇圯上老人受

辱進履此雖庸人女子所不能忍者張韓受之而後遂志康時輔成王業始見丈夫氣量由是觀之世非無英雄爲王者師借不遇黃石蕭何使其人鹵莽自用消滅英雄而不見也荆山之玉卞和始識伯牙之琴子期方知每多明珠暗投寶劍沉沒深歎相知不易而方外相知尤難得也況吾宗接人從來指東話西不盡明破正要激人自已發明明其本明無明不明庶不被一切語言瞞過眼睛所以云我無一法與人惟

是爲人指路也君侯留心有年植學有本富於詩書六藝兼閱內典三藏豈不知眞如端的而復作此說噫必要使老僧不能以古人位置君侯故意自我作古看老僧從何下口欲取鼓掌一笑耳但自古及今所有說禪者莫不臨機敲唱雖語有精粗工拙或取成句爲擊節未有將經論明文然立名相以爲瞞頂天下人之器具非獨佛法禪道中不可卽賦詩作文寫字圖畫皆不可以憶見僞置所貴不落勉然造作得心

應手自然入妙世出世間從無兩箇道理試就
詩文字畫與禪者説禪其體段作用無不相同
者合而較之彼秦漢以上且勿具論即六朝唐
宋以來諸名公約之如臨濟與化趙州普化一
輩説禪與陶靖節詩柳子厚文張顛字米南宫
畫其質樸閒曠生趣流動意與勝而到者爲氣
勢同也洞山雪峰德山雲門一輩説禪與李青
蓮詩蘇眉山文顏魯公字仇十洲畫其清標高
致酣暢棠皇情理勝而到者爲神品同也至大

慧圓悟高峰一輩說禪法式詳明準繩大備則
與杜少陵詩韓昌黎文王右軍字王摩詰畫其
精微淵博周匝傳神意與情理俱到者為體用
調度同也若夫峭拔處如波浪兼天湧奔騰處
如風雲捲地來幽韻處如蘭谷竹溪清香並至
驚人處如海立天崩傾湫倒獄霹靂火閃電光
交加而來此皆不容一毫牽強捏撮古人作畧
今人縱能摹擬髣髴闕無其全副精神氣力却
不如自我作古之為愈矣近之學儒學佛者皆

從外邊攻進去誰知古人都在裏面打出來是
以見地學地事事分明而出身有路也到這裏
吾又知君侯不耐聞宗有宗旨教有教源話成
兩段遂不分別而以教說禪未免指摩訶爲眞
如體混作天不覆地不與欲換人眼睛言人所
不言爲人所不爲焉肯在裏面打出來務要外
邊攻進去自成一家居士禪老僧不啻游夏讀
春秋敢措一辭乎昔王荊公問張文定公云孔
子去百年而有孟子孟子之後絕無一人何也

定公以儒門澹薄收拾不住答之諦觀儒門未
嘗澹薄惜定公不曾遇君侯輩若遇之有不收
其語而答荆公乎蓋君侯豚肩不掩衣不曳地
瘠已肥國棫樸作人能令老安少懷博施濟衆
雖古人不可爲者爲之誰謂不足以繼孟子之
絕學哉君侯名滿海洋德被大越聲價彌高而
久定矣苦老僧身無一長忝列法門三四十年
又不肯甘作泛泛之鳬隨流上下亦学術閒一
雜奇怪物君侯不肯訓誨則已反加稱許云法

中威鳳世上祥麟不使老僧愧殺抑令旁觀笑殺也仲尼聖人矣老子尚云去其驕態毀其淫志驕態淫志豈仲尼有哉而老子竟與言之其意蓋欲借仲尼之所無爲不服之藥以藥天下後世之果驕果淫者使攻其弊以勉勸于道故仲尼受之是知聖賢佛祖莫不以師友互相攻激始成千古提綱爲世出之師也今余亦以如是奉贖願祈救我海天風雨伏惟爲國爲民珍重

去王宮里許爲國母府衛守相望止隔一水門樓高敞洞然闃然清溪環帶綠樹陰濃旁蔭板橋脩竹叢匝不通雞狗園內波羅垂蜜椰實含漿花畦藥欄參差掩映孔雀馴遶其下麀鹿眠食其間中爲佛殿灑掃清幽蕭然物外別具桃源意兒長夏炎蒸涼生几席國母慈祥樂善爲人排難解紛施予好生低枝巢遍綠鳥見人不驚創國以來四次請齋皆極盡蠲潔雖珍玩器物亦力注視即舉以供聞將北歸贍依不得永久向國師前每有愴恨

之色復盛齋䞋請余及隨杖兩序拜言曰弟子生長遐方老和上中華佛祖洋海阻絶一旦得覲慈光叨收爲座下弟子不可謂非多生之幸惟是駐錫未幾便爾旋飛國中弗獲常蒙法化使弟子輩無所依怙將奈之何不覺泣數行下聞者亦爲之欷歔余慰之曰老朽無能蒙王與諸弟子如此皈依恭敬詎忍言歸今欲別去不止常往懸望身繫多端殊非得已也然亦不在形骸爲聚散國毋但能常行善事一心念佛無有間歇卽長相親近也

若念起念滅征逐塵勞卽老僧鎭日對面猶隔萬里究何益哉聞言歡喜作禮曰老和上一席之談令人披雲霧而見青天乞書垂示俾草堂中常留法旨依教奉行也齋畢辭歸書自性彌陀說以示

國母爲老僧辭歸故山特乞一言終身受持願生生世世常得親近也因曰修行捷徑無如念佛所貴諸緣屏絕六字單提心不散亂念必精誠朝念暮念直使不念而念念到無念念念不間念成一片莫不道合體同與天同高與地同

厚與日月星辰同明山河草木人物鬼神同消
息同禍福同貴賤同男女同遠同近同去同來
同飢餐倦眠同喜怒哀樂旣與萬物一體則彌
陀原非別有就在不亂心中流出誰言彌陀在
西方老僧在廣東國毋在大越一念不生全體
現也稍一散亂去彌陀十萬八千里離老僧四
十五更路隔國毋於大海却月岸邊六根纔動
被雲遮也舍此而論聚散見聞皆假合耳如目
前園林中之翠竹黄花不自謂我是翠竹黄花

以眼合色色識見也猶蓮池內之風動水流不
自謂我是風動水流以耳合聲聲識聞也乃至
鼻舌身意香味觸法亦復如是須見色不染聞
聲不住動靜二相了然不生遍虛空唯心淨土
盡法界自性彌陀彌陀既是自性老僧何曾離
却所謂一念普觀無量劫無去無來亦無住只
要念着本名十方虛空自然答應到這地步何
待老僧叨叨咀咀自知微塵世界自他不隔於
毫端也但恐不信苟能于此信得及華嚴經云

信爲道源功德母長養一切諸善法故贈國母
名爲與信再寫一偈聊爲證信契券云
天上雲流地下土大越國中阮國母一聲喚着
一聲應西天東土別無祖不見秦國夫人龐道
婆拍掌何曾用手舞不見黃鶴樓頭千佛名崔
顥題詩張拙補不然爾之三昧我焉知貞慈二
字難爲伍彌陀老朽不同時同時坐臥孰相離
若謂相離互相失楚王之弓誰得之問在答處
答在問邊三身不二賓主歷然南來北往總在

現前須知今日是何日始信他年依舊年
陰陽者天地之正夫婦人倫之始顧易以扶陽抑
陰禮夫婦婚姻男先乎女男治外女治內夫爲妻
綱以順爲正者妾婦之道此不獨陰陽尊卑定位
亦以嚴閨壼之防使不致敗檢踰閑而生中冓之
嫌也大越風俗反是婦女任其所之往來貿易父
母夫子亦不以醜惡爲嫌以故采蘭贈芍隨在俱
有慨此風之淫靡不獲聖人興起教化以轉移之
適有客述古城張節婦事婦張某女祖籍浙江人

居此數世矣少卽修潔幽閒適徐某爲妻事姑以孝聞丈夫從軍輒勉以忠義舉一子甫周歲而大越與占城鬭敗沒夫死於海婦聞奔赴欲裒骸殮葬無所從得晝夜號哭沙渚中忽浪決沙開半露衣袂審視乃其夫服已手所製也決沙而觀果赫然夫也營殯歸葬每思自絶念堂上白髮之姑懷中黃口黽勉苟活女紅以奉姑養子矣死靡他強暴數不能奪非天地正氣凜然稟於至性何以山海窮陬頹風淫蕩挺然節義獨立不回若是乎惜

無傳其事者余聞急爲表揚庶蠻彝中知此爲綱常婦道之正聞言而自愧耶因作徵詩啓冀羣起而挽流俗焉并爲四言古詩

竊惟乾坤之正氣何以旣生中華還生外域旣賦於男子而復鍾於婦人節義之弘綱乃竟有在小戶非在大家有敗於白頭而特立於青髫雖屬因材而篤實由積厚以光抱金石於中藏凜風霜於後勁志不可奪一身兼爲父爲師事克有成千古歎完貞完潔令家沉水斂骸骨誰

收孤淚滴秋閨宗祧自任此古巾幗僅見之婦亦今鬚眉少有之人也祖居兩浙生長占城徐輔公元配節婦張氏者身系民家婚聯壯士皎皎海天之月亭亭栢舫之風十七歲締定紅絲由是殷勤奉母百萬頃波翻白骨毅然慷慨尋埋夏令女守志惟廿不足多耳杞梁妻聞喪遠奔庶幾近焉佑蛇鬼釀禍含沙至郎君捐生蹈海赫赫王孫公子多遭國破家亡蕭蕭裙布釵荊詎肯玷身負節徒切鸞凰於碧漢飛已失羣

無違夫墦於黃泉策當善後不知我者謂未亾人之尚存豈有他哉念邈諸孤之誰育保毀卵於覆巢之下守斷琴於冷月之中堪憐伯氏無兒虛茲世代從此良人有子延彼宗支地下愁心于今始釋天邊木鳳何日飛來顧國史之誰收慕芳聲而當門老僧馳驛洋海他邦歎息閶闔大器魚軒不到處未迎請見於長安客舍獨吟時竟欲徵文於上國仰祈巨卿名士勿靳華衮璠章短或咏長或歌頌其貞嘉其行挑燈展

卷紛紛雪照松楸落紙揮毫陣陣香生几席文
人被之絃管與明月梅花分韻野老播以詩詞
爲西山薇蕨生榮抛方外之傳引案頭之玉表
揚一婦足起九原倘太史之采風必先名節或
後賢之興感益勵操修謹布膚言代爲傳述云
爾

漠漠旻天萬形之斛范范九州太倉粒粟爰鑿
爰疏安流平陸設以綱常用分人畜賢聖秩與
禮嚴義肅體質成文彬彬彧彧豈必有方定中

華目如彼占城皇輿要服犀象攸居榛莽爲屋
家無吠厖林有樸蔌壺範誰修女箴誰讀何爾
額邦生此貞淑雖祖浙江婦由是育旣下喬柯
入于幽谷斯道冥冥長夜滅燭惟汝耿光見則
任獨幼賦端莊于歸孝睦良人從軍忠義相勖
霜杵流黃鳴雞盥綠鴛鴦在梁歡未云足倏忽
邊烽羽書馳逐伯也前驅王言焉宿匪爲封侯
義奮中觸酣戰滄溟舟楫可捌馬革不還誓葬
魚腹全軍殲焉狥師炎錄杞梁無歸華州善哭

海水洋洋于何撈摝呼天告哀曹娥克續晝夜
恨恨骸露沙覆誠動彼蒼獲非所卜返厝先塋
同穴是祝回顧遺孤藐然誰鞠一死豈難忍先
祀感毀貌摧容拮据饘粥風雨危巢單雌依鷇
日邁月征維哺維穀矢死靡他嗟哉狉獉並處
淫風苦節自矯皎皎姿光日南瞻矚爾嫠伊何
麗在荒麓中國如斯量斗載穀偏令芳踪孤標
洋澳持倫常綱秉貞節軸詎乏盈廷脂韋覆餗
朝楚暮秦容顏婢僕翻令鬚眉爲巾幗辱凜若

性成不緣習熟禮義同心如射準鵠無爲表章
沉埋珠玉是用作歌與月爭昱
客窻風雨偶與隨杖諸子言及故山大衆正在懸
念之際忽聞老僧還山或有普齋公𥡴供養十方
雲水可爲第一法喜功德也亦爾如侍者出禮請
募供衆錢糧緣引乃作疏曰
廣東乃四海五湖雲水來龍口長壽係十洲三
島沙門總馬頭是釋迦是彌勒莫不向這裏停
機若羽士若禪人皆要從此方着足放下折袋

聖同叅凡亦同叅打開鉢盂朝要喫暮也要喫
柱杖子只好各與一頓斷餅話爭奈不療衆飢
雖云修行人法喜可食還在有力者信心之田
變大地作黃金但聞斯語攪長河爲酥酪徒見
其名弘曹洞道臨濟宗空腹那討實事教趙州
茶維摩飯俺餐卽是眞機齋僧勿論百千員計
程約算三萬里要緣越衆在中華自有中華施
主闔頂方袍化外國豈無外國英賢體悅三空
事須兩足修慧還當修福利已必先利他縱使

巨海爲羹滋一身安養不過獨善欲持須彌作
供非衆家出手何以推移遠處呼而近處應此
聲唱而彼聲和不拘鄭州杭盧陵米何分香積
芥甘贊金赤仄青蚨般般拈來寶庫牛車馬載
一一運上銕船直教肚皮脹穿胥取日用酬畢
天地間何方無美才如生長中華聖賢佛祖開道
旣久而復處於遐鄙大邑賢士大夫爲之楷模高
人碩彥共相矜長見聞廣遠日陶淑於詩書禮樂
維持世道則有儒宗補化人心更有佛教其人志

行正大甚易至若生於山陬海隅向爲儒釋聖賢
化所不及既乏嘉言懿行以爲儀型耳目習熟皆
匪辟作僞之事即欲一人守正媢嫉者從而非議
之摧折之非挺然出類氣骨鮮有能自樹立者矣
到國來燕見文武士夫常留心物色如掌清東朝
豪德醴泉該伯輩皆表表喬楚然此數老境遇猶
順惟王三兒郜陽侯所處爲難孤行獨尚不肯詭
隨流俗累爲風波挫抑賴王洞鑒得免終不以此
改其操卜築臨流蕭灑茆屋數間旁卓草菴栽花

種樹掃地烹茶絕無一點貴介通侯氣態與人交
懇惻謙和而胷中涇渭不爽於隨杖中屈指數人
悉引爲知己家甚貧有所得輒揮去屢空晏如也
余到即往來親密一片素心依依奉使他往亦亟
差人致候所往土産雖薄必獻貨於王得二百緡
一席齋䞋散去備極珍美鋪設精嚴吉蠲半月知
余不可留頻頻過寺言弟子一向孤立欲披剃爲
僧數矣幸老和上來得所依恃今又棄我而歸將
不復有意人間世矣弟子雖慕出世之道而賦性

愚蒙未能稍識其中旨趣不審日用如何用功方有趨向願不吝慈悲異日或得一知半解不辜皈依老和上爲弟子一番似此可謂貴胄中矯矯者不讓中華有意思縉紳達士後數月復有書來求開示旣愛其人又嘉其志因復札示以奮勇直前而贈之以偈

來翰諄諄與老僧討一言半句作工夫下手之把鼻非大將軍有八面威風曷能身在世間心遊塵表而念茲在茲乎敬服敬服然老僧竟無

一言酬答偶記得韓信破趙設背水陣陣背水使三軍進得退不得正謂陷之死地而後生也若未敵之前人人有一條可進可退可左可右之活路於胷中則炮矢相交之際無不向活路上逃走矣誰肯盡命奮前而力攻乎兵法如此學道人做工夫亦然先要令熟路生疎不怕生處不熟也今以高峰行過來那無夢無想主人公在甚麼處這箇話頭與諸公作破趙司命時刻提持無至走失若使活路上逃去了便不能

背水設陣矣老僧聊爲立箇漢赤幟就請努力

向前

五月日南眞火裏青蓮尚爾出朱明譜聯玉牒

朝中貴心向雲林教外清八面威風名將意一

溪碧水道人情等閒不唱滄浪曲珍重煙波別

調聲

客有言歸帆風信須及立秋前後半月西南風猛

一帆風順四五日夜便抵虎門處暑後北風漸起

水向東流南風微弱不敵東歸流急難保爲穩便

矣蓋洋海中橫亘沙積起東北直抵西南高者壁立海上低或水平沙面粗硬如鐵船一觸即成齏粉闊百許里長無算名萬里長沙渺無草木人煙一失風水漂至縱不破壞人無水米亦成餓鬼矣去大越七更路七更約七百里也先國王時歲差撥舡往拾壞船金銀器物云秋風潮洄水盡東洄一浪所湧即成百里風力不勁便有長沙之憂六月初三辭王定於十五日下舍安料理歸程趂立秋風信王留齋每至話別輒慘焉哽咽言自老和

上到來果叨風調雨順國泰民安八箇字之惠況往年洋船所到多不過六七艘今歲十六七艘國用饒益咸賴福庇也未識此番還山肯一再來否半年熱鬧一旦寂寞令人何堪不覺零涕交頤道駕既不可留乞諸隨杖中留二人於此俾朝夕盤桓如對師顏老和上之命某無不從某之願亦乞老和上曲爲俞允余曰王之依依供養豈忍遽違然吾北歸勢不獲已常住公事粗完當再來撫吐至隨杖衆中或自身抱病或尚有老親或年少未

可遽離師長既王心拳拳應回寺詢酌二人陪奉左右可也約十三日備餞贐歸遣侍告行辭謝於宰官檀越皈依四衆弟子半月內贐餞者絡繹一如啓行之在粤東馬惟國舅左太尉侍者踵門三揮而退懷刺以歸或闍者之弊因馳札告之

僧係曾人之義曾不爲人者爲僧可乎遂有求薦權貴無由自稱孤高欲邀聲勢不得以爲抱道至於裝淸作傲陽是陰非滿口修行通身詭譎如是禿頭之流欺瞞俗人失利於君子最賤

相辱沒佛祖法門寧不痛憾也哉老朽向在故山每爲當道愛敬必請再三而後赴亦爲修建叢林接待雲水萬不得已隨機酬應從不輕易造次自抵國來無論王親貴戚將相公卿槩不往謁即蒙先施者唯侍僧代答正避此嫌耳前者極承大士專使須翰惠以金幣厚貺適在病中冒申不恭之罪心殊抱歉終未走一札鳴謝知過量自能宥我於禮法之外不復區區刻下還山遣侍告行此人情之所不可無矣乃至府

上當嘗閽人却曰今日國舅公出槩不留帖或亦有之次日往投復却曰今日國舅與各官會集不理閒事吁嗟乎侍僧三次踵府皆以揮退不得達東於大士前深自悔而歎惜之且不獨自歎自惜已也昔者周公爲相禮賢下士莫不吐哺握髮於一沐一飯之勤故得稱爲聖人竊聞大士立朝有鋤奸扶正之明無人不交無事不經無言不慎無呼不應不日金甌應卜則亦本國之周公矣惟是四海之士輻輳於門進之

出之權在閽人而使大士居周公之位不得吐哺握髮以繼周公之德其可歎可惜又當如何也不然豈閽人具眼令進見者必賢揮而退者必不肖耶又不然必峩冠博帶之貴人不待到門則揖而進之枯槁無庸之侍僧則三揮而退之耶老朽雖方外廢人曾叨大士重愛尊札云久仰老和上慈悲度世日以賤冗尚未親詣座前專遣堂官代爲頂禮一芹奉獻惟祈矜存容當請益法誨不盡又聞大士每向同朝親友言

老和上不棄偏邦惠然肯來紀綱禮法道德禪宗種種垂教實吾國王臣之福細玩此語諄諄護持吾道斷非先恭而後倨如此也是知大士被闍人瞞蔽在老朽一身不傳不足為輕重恐將來有高賢異士奇謀碩畫可以裨益軍國政事為其所誤彼不肯再見袱如海之侯門則受累非小矣然闍者焉識諸子百家中儘有出類之人又豈知儒不在章甫縫掖釋不在禿髩緇衣而天下之求儒與釋竟不能外此二者推求

人多錯認定盤星未免可歎者矣知我罪我咎

陳忠告

數日商酌要留二人於覺王內院焚修所慮不易留亦恐難有當始終者大約此方原未深知道法惟是光頭漢不問青黃黑白便稱大師男女奔走送供巳而終以財色喪其所守求確乎不拔者實難其人隨杖衆中況多水土不服或因親老不能久覊海外惟後堂慶愚知客天雨二人可以緩歸遂訂留之十三日王仍無齋送意復往辭之兼語

酉二人王甚喜至十五日大設供演戲淩晨命內監延入宮陳毓送庭寶淨資等焚香搭衣禮拜獻曰蒙老人不吝慈悲種種開示治政民情修身禮法深愧國土貧狹不足仰酬供養萬一惟金鉢杖奉供座前即某常侍左右耳本意留老人再住兩月稍待暑退涼生撥船相送恍於二十八日決行不敢相強矣某所領闔國文武羣僚王親國戚同往海口候送蓮駕使中華聞之知國中奉重老和上如是聊盡此心耳齋畢別歸次日公主設齋

餞行演戲中席王攜小侯至重整筵席讓王小侯先唱演凡演戲主人置大鼓座側時或擊三兩聲亦古擊節遺意也是日王暢甚自槌鼓爲節唱之聲調既殊舉止蹊徑復異彼中人看之津津余覺索然王先向余敬辭公主若留言老和上尚有三四日在國中寧不留片刻稍慰眷戀之意乎復歌數闋余復告辭公主作禮懇求開示秉燭而歸書卷示云

令弟賢王處請老僧來國奉重皈依精誠爲道

以爲至巳何期賢公主全身在富貴纏使中能求授菩薩戒復懇開示可謂信心極也然要知信心二字貴在一箇無字何故以有信則有不信以無信則無不信若使依他起信未免初心有退常住眞心如在虛空退至何所故淨名云不信一切法是名眞信心近時寺院沙門大衲全無眼睛凡見燒香禮拜人來有些布施便稱其爲信心試問伊心是何物如何生信曾取口似磨盤蓋不知心者能轉萬物萬物不能轉之

宗旨不爲物轉方能處貴不驕處富不傲處鬧
而靜處濃而澹得失不遷喜怒亦如今公主豈
無男子根性不可便以國王之姊駙馬之妻作
女流觀也大凡有此形軀者最怕癡情戀愛習
染熟境是爲水性水性卽婦人也苟若情不癡
愛不戀不住聲色熟境更能推此及人互相發
大信心究竟本分事便是解脫解脫卽丈夫也
豈可區區以裙釵脂粉而分别是謂達不應生
陷地獄而龍女不應頓成正覺矣金剛經云若

以色見我以音聲求我是人行邪道不能見如來此世間衆生之大患耳以聲色偏邪而沉溺生死輪迴皆由一念癡愛心不能舍離日用夢寐總被癡愛相牽念茲在茲直至老死臨命終時隨其癡愛熟境而變現之正在迷戀處忽化爲雷電水火夜叉羅刹劍樹刀林以至猛虎豺狼毒蛇惡蟲一齊俱來齩嚼怕怖倉惶求脫無路始悔從前不應生此癡愛之念業已習成悔之遲矣若想脫離此苦必須趂此色身少壯血

氣未衰及早將平日情愛繫戀拋棄一邊但信此心無生無滅決定成佛便有快樂勝過現前之樂百千萬倍隨身受用使莖草皆成瓊樓玉殿非爲奇特又勿謂此已成佛之神通變現也夫世人昧却自心不向本性上立因作果受之道有不被情癡熟境迷戀乎卽試以莖草論之草係最輕賤之物籬落下道路邊何處不有自天子王侯士大夫幷后妃公主以及貧富庶民無人無此草恐不肯作草芥觀苟看得破則有

棄三界之樂如草芥者有棄百年富貴繁華如草芥者有棄食前方丈妻妾成行如草芥者有棄一身四大五蘊如草芥者有棄郭家金穴鄧氏銅山如草芥者惟其能立心轉物空諸所有不癡愛于心外易腐爛之草芥孜孜以生死大事爲念將一切如草芥棄之成就自家不壞之安居便是隨身受用所謂一莖草上現瓊樓玉殿也又非自然得亦非從他得只將平日情癡欲愛一旦盡棄惟有自心本來清淨本來具足

一切佛果菩提皆從此心流出矣是故不信一
切法是名眞信心公主以此寶重則吾孝順弟
子也
十八日王先發舟出海口艕自佩金刀命內監贈
余爲戒刀道所持贈之意使得在老和上手中時
時拂拭不至鈍闇光芒透露願求斷絶煩惱也今
文武俱隨王駕候送前途海口乃王都順化出而
之他府門戶也蓋大越國土總是一山曲折起伏
於巨洋中或向或背皆依山傍海而爲都邑山峻

水險樹木叢蘙多犀象虎狼各府無徑路相通凡從一港所入盡可通之地爲一府別府則另一港故適他府者必從外洋循山而入他港近岸則浪大難行遇好風信一日可達否則便爲半月十日之程洋艚從五月時放至會安會安者升華府屬自順化到會安陸路須經艾嶺即輿記謂二三月時艾花開流入海魚食之化龍者是也山峻暑蓐度嶺惟艱將必乘舟沿海爲便至廿八日三鼓時分該伯監官撥紅船㵐舍各八頭運載行李候早

戒子四衆駢集衆軍執金槍刀排道國人聚觀者林立從寺門直至河津登舟之頃拜送衣袂揚塵對面莫覩鳴鉦解纜揮涕成雨至有號呼動地舟棹中流夾岸沿河而送直至路窮水遠佇立嗚咽目斷而返余亦不禁泫然念彼輩之不獲隨我而歸也船頭坐一官尾立一守舵者每船棹軍六十四人中設朱紅四柱龍架橫擱一木如梆子一軍坐擊之棹聽以爲節船應左則左應右則右或耶許或頓足無一參錯者悉於梆乎命之乍聆者不

知所爲音節矣船長狹狀如龍舟昂首尾丹漆之不能容爨具竊訝多人飲食無所從出余攜茶食自給棹軍赤體暴烈日中惟貯淡水一缸渴則勺飲餒腹而用力不衰固嘅悲其勞悴然亦足驗此軀無事過爲安養反令驕生而不能勞矣轉至大河數船雁列衆軍鼓勇行如矢疾注目兩岸莫辨馬牛將午抵河中寺極望瀰漫爲洋海奧屈波濤衝激所不及淺瀨淤泥水草交加魚蟹蟚蛤之藪平隄柴柵水楊生焉蒞蕩間有結茆半椽者於海

利謀生之巢居乎寺處平壤三面臨水門外百步即淤塗遠近蠔花爲隄楊柳蔭其上微風澹渚弱藻縱橫鳥魚泥蟹寄生螺之所泳游行人折旋嬉戲歸與放眸思何如也比至蒼松翠陰數百年古木國中諸山無非檳榔菴摩椰子各種雜植松則此僅見者矣穿松而入不築圍垣有方池環繞殿外與潮汐消長枕海地低所凹然耳池中赤鯉無數隨行爭以象耳餅投之羣起嚵嚼往來自得絕不畏人蔬畦瓠架雜卉叢菊分布松根隙地殿後

一松大數抱虬枝古榦輪囷離奇自是千歲之物上蘗蟠鬱成毬傳記松尾成毬下必有茯苓琥珀然不敢張其說以狀此美蔭矣該伯監寺延入殿中供齋監寺戒子也齋畢還舟解纜回望紺殿朱檐薇蔚於細柳高林與水煙雲日相照媚恍若蓬萊閬苑矣咏河中寺詩

綠柳垂垂隱梵宮鐘聲迢遞滿河風竹籬草徑浮嵐掩石甃霞樓倒影空俟食紅魚吹水上啼煙翠鳥落花中王家祠廟陰森處迥有靈光射

海東

水聲山色澹秋容翠拱南湖六七峰地湧珠林金粟細風清香鬖碧雲重門前露壓千竿竹殿裏濤生四面松焉得故山諸舊好月明都在小橋逢

潮上蘆雞兩岸聞中流煙寺絕塵氛客來南國傷青草僧在西窓夢白雲鳥語寂時清磬遠山光斷處隔河分徜徉松下無餘事吟罷歸舟已夕曛

暮至海口停船王已着人備饍相候矣去王行幄尚里許夜暗未及相遇各遣人致聲而已次早請見掉舟往造王架水閣於中流四面戰艦圍匝爲門以入既見喜不自勝言今日之喜即爲他日之悲此番良晤別後海天盈盈欲覲慈光未知何日也惟望不惜頻頻遣侍師渡海庶幾如見老人道容或者冢山公事圓滿不辭跋涉肯一再來尤意外之望也某亦在位數年世子長成堪理政事即擇賢良輔導傳之某將削髮爲僧了吾未後大事

既蒙明示亦覺宿世元係大明僧偶然失足至此豈肯終身爲富貴聲色之汩沒而昧本來乎留戀篤摯訂明日備席于圭峰永和寺再餞周覽大洋於此可以目送歸帆也至夕出涼桄西域磁針諸細巧物相遺越日繩輿已夙駕河干矣該伯小隊爲導朝靄斷連一阜纍然去不數舍曙煙未散人隔尋丈但聞喧呼旭日隙光中有頻焉弁出而不見其下者有雙足動跡而不見其上者沙路叢生蒽蒡枳棘田多種薯居民有鋤薯而牽牛以食薯

蔓者薯大或徑三四寸蓋沙土鬆而宜此也夫至山麓徒御小憩始登不甚高稍陡峻以斯委折而上磴道隨土石爲之際蜒爲欄檻以防險仄悉掃除整潔多美蔭可坐僕夫揮汗喘息聞林莽鐘鼓聲甚近然窈窕離合猶移時始至寺踞山巔雖不弘壯亦牢固潔齊山寺規模則爾也諸僧延入擺茶畢衆道出山門大地平衍可數十畝茂樹婆娑坐息其下時當午天氣清朗縱目一觀水天相接波濤射日銀山金嶂捲地而來直撼山根響震林

表若怵惕其漂沒以去者不知距海猶數里也古人謂登太華則黃河直撼其下亦若是耶蓋太華高視遠疑近茲則海大勢迫若近爲不同耳詩四章

綱輿十里到層峰半嶺風傳出谷鐘遥見人行雲外石忽驚果落寺前松上方細雨啼紅鳥下界飛濤挾白龍放眼乾坤舒一嘯望洋絕頂倚孤筇

宴會凌霄法界開離人去國重徘徊花明遠岫

僧初出磬響高林鶴自回幽徑曲隨芳草引閒
心遠爲探奇來行吟暫憩香臺畔短髮離披坐
綠苔

招提鼎建永和年古殿憑虛滄海邊平地霧來
山作浪半空雲起屋如船秋光遙映千村竹日
影翻流一壑天貪看夕陽崖畔立番僧禮我乞
枯禪

蒼崖百疊路晴空應接林巒路不窮茆屋半開
秋雨外煙霞斜鎖翠微中異鄉地盡雲依水近

海天低草戰風記取登臨當此日勝遊知復幾
時同
圭峰突出海岍所見皆海右手一帶蒼山爲艾嶺
沿山東北上爲會安港口舟行將來便徑云羣山
皆崚嶒聳削獨幾點青螺如髻覆於羣山之下與
粤東七星巖相似監官指曰此三台也寺居其中
爲果國師道場矣因言此山多巖洞有如門者如
牖者爲衢巷者堂者房者如釜鬵樊籠者莫不玲
瓏爽塏可坐可臥可以彈琴咏詩琅然清圓聲響

答和顧老和上明日之所必遊矣余方以圭峰雖大觀而無幽邃巖壑可以搜求翫賞聞之悵不一時放舟以去矣齋後復出四覽作別還舟天色入暮欲造謝王并告開船適王兄諸公攜素榼攀話散時二鼓倦且欲寢矣平明王方與諸臣轉棹遊河中須候回面別况此中拳拳如飲醇醪令人自醉不能恝然便去也是日閒暇續成曉發祖湖抵海口詩四章

百槳蒼茫發五更舟師擊柝曉風生天邊月落

他鄉影海外潮流故國聲碧水旋翻雲樹暗金
蛇天矯浪花明遙看宿草朝暾起野寺浮空畫
可成

清秋撥棹疾如飛不覺篷窗過釣磯岸上馬鳴
尋獵去湖中人語越潮歸青山帶霧迎船出白
鳥驚風背水飛漠漠海天如疋練隔林小雨更
霏微

征鐃銅鼓響汝邊漁火光吞水底天夾岸不分
三里霧輕舟衝破一湖煙何方羌笛吹無盡待

曉秋風影自妍縹緲疎鐘來渡口却疑珠浦問花田

舟行隱隱亂山依一路煙深似翠微芳草遠思隨畫舫水雲明欲上秋衣隄邊獨樹窺人立沙際游魚破浪飛露下烏啼天曉月懷鄉老客趂風歸

夜半始聞王還水閣詰朝國師來聞余欲往辭曰王多情老人若見彼又延留不舍反致躭閣不如只管收拾放舟瀨行修書遺侍告別足矣某目今

一見王從陸路先去會安料理候老人駕也余曰然因令先行從順化送來四衆各慰勞遣歸傳衆船官軍決於今夜二鼓開船作留别長歌一篇修書着侍詣王辭謝云

老僧與王若非宿世願力相訂而來隔絶海洋萬水千山曷能有此格外之知一行隨杖五十餘人到國六箇月盡飽天厨妙供終日對高山坐春風賦詩作畫論古談新受無量逍遥自在之福有不戀戀於斯輒欲辭歸者乎蓋故山破

院子有六七則公案未了同堂叅學僧有四五百本分未明兼開門七件事皆望老僧一身不得巳竟擇六月廿九日長行會於初三告辭感王相畱甚切乃以衣鉢瓶杖沉香寶𧎥名花異草種種供養使能大歡喜緇白讚仰王家福田眞與尋常不同也自愧舌短言長不能以世套稱謝但對三寶合掌念誦國泰民安而巳雖云師生名分何用區區終難忽然掉臂而去細撿行囊又無長物酬別思思最最惟詩文庶可表

揚有道遂作七言長歌一篇壽山石章一方篆
昔日中華僧今朝南國王十箇字亦取吾王不
昧本來而贈之詩以頌德傳芳石以岡陵永固
聊爲千里鴻毛置之案頭可發一笑耳解纜在
即滿擬再過握吐一恐擾瀆國政一恐重煩遠
送因以中止特遣侍者持數行代面老僧行矣
秋風乍起冷暖自知伏惟道體珍重永爲海邦
作主臨書致囑
故山別後行蹤失王在南天我在北我王出處

世間殊一段靈光分未得不然萬里之外復大
洋簡書胡爲至吾側欲赴長安病忽生將去還
留豈人測到時正値花朝前花底初逢如舊識
鳳眷虎頷面銀盆位正南離不自尊獨向袈裟
開笑口銀安殿裏創祇園成就千僧具衣鉢戒
牒寶印用無論身勞佛事不知倦聲色雖邇非
心存宮中閒日垂紺髮不作人王作菩薩夜半
聞鐘披七條不道老僧無佛法親率王臣眷屬
求家珍信手傾筐篋支離自顧抱慙惶那解恩

情轉周洽香海團圞已半年忽憶家山未了緣
相看詎忍言離別秋風一發無歸船問我何時
許再見欲語不語殊悽然強畱隨杖僧兩箇庶
與晤對如我前王今眷屬皆佛子與王同居塵
刹裏須識神光左右間詎隔滄溟一滴水暫時
分手還相見觸境參商從此始幾回話別重流
連深情於我終難止臨行解贈金戒刀無以報
之心鬱陶長歌賦罷不成句窓前竹樹風蕭颼
他宵月下遥相憶應知獨坐展揮毫

廿六午後人始從王處回報準備開船事忽西北
風暴作揚沙偃木大雨如拳路上行人目不能展
羣舟依岍而纜獨余傍岍一大座船爲會客及隨
杖坐臥之所余畏熱繫紅船於外便於晴明撤去
圍閉纜索不牢爲所漂蕩守舟軍力少不能抵岍
軍見之泚水牽挽者四五十而暴風大雨鼓湧浪
勢無能爲力竟吹至中流沙淺始得稍定舉皆惶
怖余固知風之所來縱漂漾也只至此故坐視晏
如任一身之沾濕而已雨晴纜定隨有撥余從陸

爲實落者亦有言澱舍爲穩便者議論紛起多官皆微笑默然視余所指以卜愚智余曰諸公之言何其惑也余自發足時籌之熟矣決坐紅船下會安豈因一陣邪風盲雨便爾變易耶從路去五六十人隨身鋪蓋夫馬二三百巳自勞民況酷暑天時長途峻嶺現病者幾人能無慮乎若澱舍遲重難行曠日經久或遇風雨至如今日風雨非日日常有縱有亦在未申時分斷不在此夜我們今晚趁風便二鼓開船渡海平明入會安港午抵三台

山寺但恨無今日風雨耳有不尤增一段景色耶
諸公且休擬矣余殆守初志而不移者也衆官方
合掌笑曰果然老和上所見卓絶也俟出海時方
知紅船之妙耳然衆中終有移行李過潡舍者須
臾具餱糧貯淡水供給範人進脕膳艤舟相送諸
貴臣咸曰此番聚首未知何日再覩慈容言訖眷
戀依依揮淚而别

花灣

倒嶽傾湫亂雪堆還疑天上走轟雷[illegible] [illegible]坐向
船頭望大水聲從地下來樹杪鹹波飛電出峰
坳落月老龍迴番人送供煙郊外鎮土葫堂隔
岸開

老髯蕭疎逐客程煙波漠漠海中行風寒斷嶺
猿聲急浪捲新沙雲影橫落託人皆疑慢世浮
沉吾不尚虛名此時歸去松門下正好看花步
月明

既而三台在望矣千峰迤邐皆土獨三台石阜穿田特起兩山臨水一山差小遥視豐茸漸近仰觀大木數圍從石罅生沿山溯洄見石有直矗而起者倒垂而下者穴竅而深峭壁而峙者惟不見寺初謂頑然無甚奇趣耳去山半里一僧立而熟望即返疾走從山背石隙穿去山前一墟墟前登岸百武爲古寺寺僧鐘鼓具衣迎謁禮佛坐定茶新香爇灑滌整飭竊訝其速乃知先時望而却走之僧所爲准備也便欲供齋余曰且待登山後何如

杖策出門山在寺左有環山皆細白沙堆阜高低風吹成文若水波微皺石壁縫罅亦如波浪層疊日射苔衣丹碧歷陸四望陡峻無登陟徑忽兩壁劃然中開自石爲磴夾峙懸崖時有秀木挺出崖表息蔭其下如坐函中涼風逢逢往來襲體令人枕石欲睡升盡豁然平闢大樹茂密倚石爲殿不甚高堅緻牢實可以經久國師化王所建也出殿右一徑竟殿復左折兩崖漸高雜樹垂藤多蔓葉洞口暗黑下階漸光階盡而矌日曈曈從天窓曬

下周洞平圓可容千人四圍斬削透天數穴枝葉交影獮猴攀緣俯首窺人叱之不去住僧曰人少彼則羣來狎侮云一古藤從上石隙垂透地下粗如盃口矯矯百尺直如弩弦東洋藝僧以千金搆求不許云生平經遊洞壑頗多潔淨爽朗此其最也惜布置神佛相惡俗爲玆洞之累茶未終席微覺寒凜尋洞口而出經數巖竇一一果如登圭峰時人所述者至山脊雙石聳峙如門中門望海廣漠長風爭門以入不能正立矣紆廻右轉爲尼僧

菴曲徑通幽閒寂無鄰落花片片山蜂吟掠而已菴主延坐一茶即行殿階之左一徑委折下爲汲道數百步巨竹爲關降盡爲巖巖盡雙流澌澌伏流地下綆索引汲清洌泠泠稍一盥漱冰齒寒骨陟而右折一洞高爽旁一石戶窺之冥冥有光從者曰轉入則窓牖從懸巖開闢矣時方坐磐石回憶十年猥處禪林日與纍纍墦塚相對有此一遊可謂從前耳目爲之一清惜大好山主人不加剪伐令到處荒榛蕪穢蟲吟啾啾倘略疎剔點綴則

樹石皆生趣秀發矣因歎山水之生有幸有不幸焉在中華一丘一壑亭臺樓館爭就映帶文人高士一經品題遂成千古名勝置之荒隅窮海雖奇峰秀石埋沒蓬蒿幸而爲樵牧之所謳吟牛羊之所訛寢一旦不幸爲俗人主意布置鄙劣點染惡濁反令山靈失色過客低徊者可勝道耶則今日之遊不可無詩且爲峰洞勒名也安知千載後榛莽之墟不爲都邑繁華啾啾蟲吟不爲觴咏絃管耶是則兹山之名自我而立詩且爲之冠矣有告

以下百丈梯從山背還寺者余曰且休矣不妨暫逗兩日以窮慈山之勝何忽忽爲還下院齋畢適國師納輿從陸始至訝船到之速云老和上且遊覧兩日某午餐罷先行吩咐會安該伯官整備停當鷁後日始來可也方擬題名峰曰海湧洞曰華嚴作歌礱石鐫銘監官聞之乃告曰王令今日送老和上到會安遲恐某等有違君令之咎况軍人盈千此處糧食無所措處必請還用暇日再來余惜山水勝遊造物亦且忌余耶隨登舟解纜行未

幾日巳夕由支河取徑捷潮涸爲糧船所梗諸軍下淤泥推挽不可動內監怒打軍人努力扛舟而渡二鼓抵會泊岸仍宿舟中作遊三台山長歌一章七律二首

歸帆欲趂西南風紅船送出祖河中多情國主重離別海口復餞登圭峰道是此峰凌海岸目送余舟轉粤東峰頂雲藏永和寺周廻林木何青葱繩輿駕出當曉日刀槍金鎏排長虹逶迤導我披林莽前行沒脛沙鬔鬆平坡踏盡到山

麓拔地直抵滄溟銜海氣浮空但煙霧天風迢
遞來疎鐘斷連灰磴懸樹杪僕夫喘息穿篠叢
兩步一欹到峰頂水天冥漠開鴻濛身危若欲
輒傾墜波濤蕩潏駭心胷此時天色漸清朗煙
巒幾點浮虛空指說征途從此去三台更是蓬
萊宮我聞發舟不待旦鹹波棹撥光游龍蛟鼉
潛寐不知醒達曙忽睹三高崧嶒岈山根嚙海
水草木石觪偏豐茸策杖登臨巳停午沙子日
炙妨追從山前寺僧供筍蕨入座數朵青芙容

陰晴石壁異向背苔蘚翡翠丹砂紅行近雙崖
迎面起轉側一線天忽通方圓亂石疊磴道勾
枝仰視時相蒙如陟太華千尺峽肴函真可丸
泥封豁然百丈開平衍應對謁强來山童告我
巖竇一十七中有一洞誠天工何須坐此苦搖
扇彼中六月長三冬微茫小徑繞殿後欹斜石
立生衚衕到頭側壁闢扉戶岌業欲度心怦忡
初行笄篠漸黯黮山鬼暗伏窺人蹤薜荔沿崖
牽客袂蹋足葉響迴秋楓旁皇注目漏光影沒

階傍日方曈曨地下回潔若明鏡樂頭巔敲高
窗隆笑看環培坐礬髓通大穴竅班筍龍大石
如房小如卵鬭湊整截成峰嶇疊文波浪或冰
裂開看起伏紛雕鏤古藤直柱三百尺渾身皺
理龍鱗同幾回摩挲手不釋坐久便覺寒颼冲
還尋洞口出周覽山巖處處爭玲瓏登高縱目
奔浩瀚陰泉迸發流淙淙一樹一石亦幽趣惜
哉勝景生不逢湮沒無名誰稱賞縱橫怪石埋
蒿蓬翻遭俗物加點綴半使勝蹟虧人功若然

置之通都與大邑名流觴咏殊吞容不見山陰
及峴首羣賢雅集羊公雄在今傳頌各不朽空
山何致鳴秋拱我將華巖顏洞峰海湧長篇短
作鐫石精磨礱山靈人事更否泰庶與日月齊
初終同遊居士木瀞子記者別號乃丁翁
南溟一聲起雲幢海氣旋空絕壁蒼忽捲晴天
飛霧雨倒翻大地射台光巖花曲引通霄路澗
水分流散谷王洞口煙霞蘿半掩山精相逐老
蛟藏

風雷響處瀑倚懸隔澗飛猿上翠下遊出浮天
青幾點半空踏玉白千盤高穿石竇蒼藤古細
掛雲簾碧乳攢繞徑蒸沙當日午偶來息影覺
秋寒

次早登岸住彌陀寺院宇偪窄不足以容大衆分
布於觀音堂各處詞少停幾日便上洋艚無事起
蓋房屋以重煩苦軍人爲也該伯內監終以王令
爲再裝日竹木並舉朝築暮成寮舍八九間中爲
一廠會客蓋會安各國客貨馬頭沿河直街長三

內里名大唐街夾道行肆比櫛而居悉閩人仍先
朝服飾婦人貿易凡客此者必娶一婦以便交易
街之盡爲日本橋爲錦庯對河爲茶饒洋艚所泊
處也人民稠集魚鰕蔬果早晚趕趁絡繹焉藥物
時鮮順化不可構求者於此得致矣大約會安東
南北三面近海惟西邊一路綿亘連山接東京而
通西粵故西去數十里外設鎮土衙門狀如王府
防鄰警也客居既繁因之旅櫬無歸而遺骸暴露
者在在都有余聞之愀然動念囑國師語閩客爲

倡首募義塚地收掩孤骨是爲引

竊惟慶生悼死乃親友之常情掩骼埋胔實仁人之厚德近見遺骸遍露多聞旅櫬無貲背井離鄉置身何地不由代白莫可相成茲大越國會安府者自粵千川舟楫往來之古驛五湖八閩貨商絡繹之通衢間有財並陶朱豈無義同鮑叔悲填溝壑慘踏牛羊如其祖居山左難返太行設或產自河南焉回衡嶽終年浪跡惟餘兩眼含酸一旦危臨頓爾四肢落寞值眷絕親

踈之日況天遥海闊之方秋與怨俱深砧斷杵
殘孤魄淚夢隨家共遠風吹雨打濕燐燈骨尚
暴於煙郊信何傳於閭里利名與蠹歲積體膚
勞腐朽誰埋路窮僮僕散孰料半途行館堪憐
絶域棲魂雁斷長空那得尋聲遥赴閒中有待
還思滿載歸來憶昔歡歌慷慨之音竟同流水
只今俠氣周全之誼須藉路人願范希文麥舟
之助古道猶存想徐孺子束芻之儀遺風可續
即一粒一錢之樂贈亦再生再世之弘慈得葬

高原招回故國之魂當圖結草但求坏土縱作
他鄉之鬼亦賴脫驂非徒惠於無名勝爽素車
白馬若施恩而不報悲哉芳草王孫欲舉義墳
必需善士緣應首倡慨捐在前事必合尖須
功德無量謾比鶴歸華表相將牛卧介山挂劍
延陵埋琴子敬勿辭協力布告同心
是引仰書付緣首國師讀畢頂禮云今彌陀寺當
此衝要爲往來大小止息之處歷年久遠風雨傾
頹某欲重建之惟一言爲引進知老人以筆墨作

佛事現毫端之寶刹微情仰白必叨慈允也因作

募修彌陀寺疏

唯心淨土雖云處處現成仗性彌陀護說般般具足無爲必藉有爲而顯真諦須憑世諦而周煉石補虛空終羨媧皇之手眼布金隆法會還推長者之神通奇功全賴人興勝事豈堪坐視惟茲梵刹創自唐朝寺在會安乃八郡三州之要道僧投大越貫雲來水往之衝途頓開接引門便是安禪地十洲東望霞明連浡海蜃樓十

里南馳花發映占城春色對艾山而煮茗僧客高士行吟濟沙沼以濊蓮足可招賢結社汪洋常住凡聖同居道場既啓於當年因果不泯於此日雖靈臺無變壞奈歲月有遷移昔者廢今者興佛而猶存人而改三日風五日雨戒堂零落食堂頹擎拳華蓮欄不住泥塑金剛吐舌哼哈喝不定木雕彌勒杏殘燭燼誰知苔蘚到廚生寒蘇若伎至使洪身露地立耳鬧尚然動念目覩焉不關情愛有果國師慨思重建願與熱

腸漢協力同行若言西方十萬程當面錯過直
僥若海無邊岸回頭便登是宦是民趂早上慈
航普渡善男善女何必待沒路思歸信意揮來
總是箇中極樂乘時拈出並非分外機緣山門
大殿須夜指日告成實室廊房都要斬新輪奐
華屋頻起獨木難支順風而呼知音必應賣篛
客幾多岙自湘水傾流能事備矣棄家兄無數
物從風雷運至厥功偉哉莊嚴諒已熟闍黎德
無煩再述

到不幾日尚有衲子未及在順化登壇受戒者朝夕禮求洋船尚以客賬未楚無能放關出港特代啓王批凡官單所欠客賬限日完結始訂初十出尖碧蘿備薪水老和上十五六上船候風即開也僧俗懇戒者不已因念未即開船有十日之暇彼並拜請篤切何惜三日之勞曲爲成就乎遂許初七日傳戒報聞遠近至期四衆戒子三百餘人悉爲成就命國師及後堂給牒仍走札與王用印天氣經秋尤然酷暑隨杖相踵傷暑發火瘢醫莫能

治惟食西瓜冷水獲愈矣寺之右有關夫子廟嵩祀最盛閩會館也主會預乞祝文漫爲走筆

迺聖迺神允文允武讀書明大義具法眼于一部麟經報國盡孤忠抱遺恨於三分鼎足但知有漢豈肯受孟德壽亭之封業已無吳不妨爽子敬荆州之約秉燭達旦挂印辭金一生謹守臣心百代崇加天爵自古英雄稱帝稱王未有稱夫子猗歟超哉從來豪傑即正即直如斯即聖賢蔑以加矣高人烈士動輒長揖傲王侯若

美髯公之遺像在茲自然稽首孝子義夫無過
一方隆俎豆乃普天下之昭承由是莫不感通
處處山呼年年嵩祝某等躬逢上壽叩拜下風
同志二百六十餘人獻爵五月十三吉日聖其
降耳凜凜猶生神則襲之洋洋如在伏願河清
海晏長浮蘋藻之香世足家豐共沐歲時之慶
微情敢告

七月十三日洋船移椿先將粗重器物付載船上
然須十五始到尖噐羅約二十日登舟候風王差

番官通吏道及僧鐵帆送余歸國十九侵晨監官備田姑船四十隻坐余紅船中午後解纜時余雖喜指日還鄉然謂風信水勢過期行未必果但不欲明言恐爲兆耳至港口夜泊候潮三鼓齊發平明抵碧羅上洋船定十二馬籠爲偪窄以歸故可相總矣王差人候問所需計無有缺轉恐風信延遲不妨多貯水米以備不時因書付差還報越兩日赤白米共四十擔運至訝其何速知者曰此間有象路爲王急使之徑一日可達順化令到即港

中糧船支發故快耳內監該伯告回船亦整頓財水專候舉帆隨杖在彌陀寺中無一不發熱出癍者獨余最後將謂可免不意上船三日而寒熱起矣連日皆東北風雨色微濛山不見顏客老此者曰此作春也大越氣候歲以秋冬爲春夏秋冬時每陰雨連綿雲霧四塞溪水漲路斷行人百物騰貴束薪十錢不熟一炊若人預爲之備謂之做春斯時則羣山無影茫茫海中莫辨所向船不敢出口矣以故風雨因病轉添病因風雨增劇奄奄

一氣喘息船中差僧鐵帆棹還會安延醫兼報王
風信不便狀至廿七過午漸晴徹夜星光明日白
露次早即速開船船主終以風信不便爲辭且謂
差僧未還病無醫藥歸心如焚遂乃明燭燒香祡
西南起拜持咒禱風薄暮西南風起差僧亦至矣
於三十日鳴鑼起碇數十回姑艇纜帶出口風正
滿帆渴望得歸此樂何似是夕也木灣夢一人裘
帶都雅夢中驚異何從得是人流寓此間者耶既
而謂木灣曰汝曾讀愛誡子書當知在老和上不

鄭相助然有說焉手出革縧與之曰日爲我寄和上將來因緣在此也夢醒歷歷乃述與余不知何意是時船正疾行皆不理論而南吹漸微舟所進幾與所退相敵頃刻大雨北風猛作勢不可支舉船盡以長沙爲憂余披衣持咒久之東南一陣颶風陡起黑夜雲霧手不見掌各倉惶聽命總管見龍行隱隱飛舞于船左右約一更龍去從前北風所飄流之路須臾盡復風雨後海光天色照灼遠近至是而歸心始灰矣平明霽色見山痕澹澹不

數十里外仍是尖碧羅也隨風竟返至山港舟人擊鼓賽神各加額曰僥生再造也連日風浪滔滔海邊小船盡推沙坂之上余時寒熱腹患漸止飲食不進況船上顛撲多日肌澤無存朽骨數莖而已木灣語亦爾侍者云今天氣風色如此勢不能開船歸國聞此山上有觀音堂何不且請老人上去一沾土氣運行血脈或可加餐乎適又聞述初六有大風邊海人風色素諳不可不信何若令老人病軀復受顛撲也亦爾不向余明言但一上岸

踏看即駕兩小船來促登岸此時風浪漸緊矣觀音堂離數里不能往僦居草屋門檐低壓罄折以入行人數至摩頂蓋近海避風制唯爾也坐定風濤轉急入夜颶風怒號摧山隕石茆屋盡倒潮撼犂山聲勢凌厲碎人心膽余幸得片地棲身念船中諸子遭此危險生死間止容髮慘慓之狀不知何似然黑夜風濤將奈之何竟夕爲之不寐乍曉船上者奔至皆曰重生昨宵情狀可不言矣過日晴霽強起扶筇訪之方人乃知即岣嶁山葛洪因

是而請爲令者然丹砂無復氣矣形勝殊佳地脈疑有靈焉洲島數峰環抱如几海中平横一案東缺復兩山對峙爲塞中則洋船出入門户也直接主峰之下有本頭公廟廟左百步有石泉清甘村人所汲男女浴者無虛候俗記好浴果不誣也山足平沙如半月落落茆屋不滿百間除老弱幼稚籍於官者猶三百壯丁生事漁樵二者而已醢腊臭腥比户然也山皆石樹木蓊蔚遍山花果收暨鼠雀之餘矣廟頗弘敞神甚靈洋船往來必虔禱

神也命該社開扃鑰侍者上香一瞻神像讀封衛
知即漢伏波將軍本頭公國人所崇謚號云褰帷
瞻像儒雅風流木灣恍然曰疇前之夜見夢者儼
若人也始憶誡子書伏波所作革緜其佩韋義乎
因緣宜綏老和上今歲始不能還神人明相告也
壁間粉板有徐孚遠七律一首字爲塵埃封掩拂
拭讀之甚佳是以效顰作詩書壁

濤聲滾滾石巉巉漢將神祠祀碧嵒自昔茆分
東下木至今人渡北來帆夢傳佩韋言三復顧

報遲歸書一函千古威靈遺像在秋風落日照

安南

先余數日放洋一船名馬艚亦是日還兹舟海上
有名便利人力精銳至是三出皆返遂羣決歷冬
之志歷冬者洋船他國度歲之名也歸與冰釋鐵
帆馳報王未返徜徉於濃陰磐石之上作峋嶁阻

風詩十首

已去復還住秋高故國心念將身命重緣與島
懸深孤嶼無猿果鳴皐有鶴音朔風連日起花

另蓋於天姥寺差人候請既而兩番俱報余病未堪勞役乃續遣奉書并人參至感此眷眷之情往答未能暫裁書着侍報謝

前者老僧爲不得已必欲還山悉在王之洞鑑中也時王苦留不住三年亦須一載稍盡供養自顧薄福抱愧忍別勞爲統領閤國文武貴官相送海口挽登主峰設餞而後送過會安到尖碧蘿山前及上洋艚秋經白露船主夥長皆言北風甚急恐不能放老僧持咒祈請南風次日

西南風起擊鼓鳴鑼揚帆出海經兩晝夜北風漸作行莫能前於是再祈午後南吹滿篷正發巾頁疾行時忽然北風飛浪大雨傾盆龍騰蛟起地覆天翻幾乎有萬里長沙魚腹之患矣余惟默坐持咒正在慌忪無措處陡作一陣東風將船送回碧蘿山下諦想龍天亦有欺貧重富心不然何偏吹些不順風使老僧去不得以滿國王一年供養之願竟不管我常住大衆廚庫絕糧王聞老僧不及歸乃歡喜曰天隨我願也

郎令內官發紅船接到會安亟欲來朝奈飛濤疊浪中拋擲二十餘日腹瀉頭疼寒熱交加隨杖僧衆皆然正在病中未得遣候爲悵不出半月疊來手札每送人參老僧抱痾正用得着在王殷殷之意極盡師生之情然事事累及使余中心覺難爲酬耳惟指海月天雲與吾天縱道人共相照耀也良晤非遙餘當面罄風雨深秋縷縷不宣

連時陰雨河水泛漲寺門棖闑維舟氣候漸涼侍

若從順化回言王見時親熱喜悅之狀細詢老和上飲食起居始知果病因道似此則隨老和上方便暫時將息俟稍平復訂來日期即撥夫馬應接幸毋畱戀會安我之望老和上如望歲也況相隔涉一切供養難以周到於心怩然無容自安耶花郎布一疋副以綾緞爲老和上添冬衣其餘洋布絹素爲大衆各製一襲仍差內監同來祗候榜眼文職世男及王兄醴泉侯部陽侯三君聞余復還相慶忭俱差人持札候請各付書回報與文職世

界日

老僧本是箇擺脫決烈漢到者裏却弄得去來不由也舊秋蒙王諄諄遠召自謂脚下紅線巳斷繫絆不住跳出山來上了洋船竟到貴國深叨王臣皈依正好與吾公朝夕盤桓不奈故山有箇大衆鉤子鉤在心上不得不回國王挽留縱以鍊子亦鍊不住定要還山誰知海外龍天要合王意竟不用鉤鍊只用幾陣北風吹了轉來去又去不得住又住不安一往還見道路開

閙近日被波濤顛撲了一番止息于會安養病大似老鼠入牛角要不得箇轉身處伸脚縮脚不是故山鉤子牽罣便是本國鍊子扯扭日來又被土人挨挨擠擠兼之内外魔鬼夾夾雜雜又要我費許多周折提防一時那得箇救脫菩薩直饒藥師佛來亦不能療我之病適有唐人送東洋小菜喫了兩碗薄粥放開懷抱想做幾首詩聊爲消遣左思右想總尋不出一句偶欲登厠在園板上蹲了半日作得一首回到房裏

睡在被窩中枕頭上摸摸索索又得一首意思
再作幾首一并錄呈台覽同太翁家宴時作一
撫掌笑具耳茲者手教先頒不待詩完急急修
候近履雖聚散常事不足為念獨念別後未知
吾公定省下可能謝絕外務靜坐讀書否年少
光陰寸寸皆金非可容易多有人處此時看得
金如糞土浪費去了深為可惜如老朽自幼亦
耽讀書名尚不知味方要學書學劍又因多病
一皆無成遂從黃面老子學不立文字之道三

四十年來強稱知識主席開堂常有數百衆羅列座前到底自覺孤陋寡聞終以不曾讀書爲愧每想此時得如二十一二歲血氣精壯從新十年勤攻苦學到三十一二歲上出世行佛祖道不亦更有一番光彩乎天地間未有年老復少之人徒作此妄想時事已去七八追悔不及矣今喜吾公生長在禮義大家上有太翁爲朝中大臣左右有賢師友造就不消十年磨劒必期出海屠龍何慶快如之惟恐好光陰錯過因

以老朽自悔之言聊爲追風天馬旁加鞭影也
愛公心切信筆直陳冒昧之罪知能見原

復王二兄醴泉侯書

急急欲歸怱怱作别大都事在怱迫中偏有礙
脚絆手時承賢王昆玉遠送及到尖碧蘿上得
海艚已經白露行了幾日南風不便去而復返
也又蒙差員遠惠手札始知八月間加官陞祿
不勝雀躍最感者廊廟功勳不棄方外老朽非
吾公出人頭地乎遐想中秋佳節進爵時應唱

一曲受榮華富貴長春矣老僧當攜拄杖跨過山來與公說些在家有意思之學道人不被功名富貴埋沒就在富貴裏做工夫終不打成兩段始見處處綠楊堪繫馬家家有路到長安的落處將這些古今會討便宜開心快活話暢談十日一爲慶賀一爲敘懷一爲學道樣子一舉三美何樂如之今尚淹滯在彌陀寺者總因洋船上風浪顛撲許久一吐一瀉弄得筋疲力盡止剩得幾根硬骨頭不曾折斷日與病魔支撐

滿擬以病了事矣誰知病又不成病事又不成事如此半三不四自覺可笑極承寵問稍容幾日病去就來目下有無數欲言筆不隨口未能多及留與面賦

復王三兄韶陽侯書

大士道體違和老僧亦在病途無能奮飛左右一候起居歉仄之懷未易名狀也日來風雨蕭蕭眠食俱廢方外人別無繫戀惟天涯知己道誼相投未得問訊榻前不知尊候若何不由不

悵悵耳適接來札喜慰之至承教云世情冷暖變態非常誠古今同歎豈知盡世界只有一箇冷字暖字焉可得哉此必早在洞鑑中可發一大笑也嶽誕之辰老朽懵懂竟失嵩祝近日客窓病起潑墨作得一幅蒼松疊嶂圖跋一篇只在此山中雲深不知處的說話藉手獻之堂中聊爲吾公形容古道縱未能寫高懷亦盡老僧本色未審與美德真風有當乎草塞奉復不一

不一

一日病起茆堂客有過而問者謂春生夏長秋收冬藏此四時氣候之正惟大越國中反向秋冬風雨百物萌榮至春夏焦枯其故何也余曰天地至大難以名言然約畧亦一氣運行不息而已無春夏秋冬之殊無氣候正與不正之異皆自人習於其地而強立之名耳山一氣分而爲陰陽方輿定位東南爲陽西北爲陰西北山東南海山屬陽而生陰方水屬陰而生陽位是方輿之陰陽互爲體用也止見得奇爲偶之所本偶爲奇之所生獨陽

不生孤陰不長東南陽位多水爲陽質而陰用也由是分之所以水亦陰用而陽質鹹波夜濺盡成火光則其驗矣此邦極南環海純陰爲用而含陽質當秋冬窮陰之候土薄水盛陽質動蕩不能固藏而發洩蒸於上陰降爲雨澤滋榮百物陽方土暖便爾發生至如西北土厚秋冬之時陽氣伏藏陰凝於上陽不交通下爲霜雪百物凋謝此乃易知而可言者若夫造物無朕之初冥然漠然莫究其終始有神可得而會口不可得而喻者則非居

十所得而知也巴客唯而退因斯氣候不同北人
稟質剛此輒會生病加以不諳調攝竟成不起先
數日古崖侍者汀北人報寂於順化今悟波堂主
山左人相繼圓寂於會安雖生死天命而轉展之
權又在乎人然未始不爲南北水土不習所由來
也茶毘之日藩鎮撥數百軍人服役刀槍旛幢排
列前道會安傾衆執紼余爲舉火封龕法語別錄
恬波本宗顯聖下兒孫嫡累有年矣大光禪者八
識未明六識觸境當臥病時不免痛苦呻吟殊有

不自勝之態余頗慰其疾書以示之
謾云世上萬事俱假不知連此身心亦從假合而生也夫有生則有老況經風雨晦明寒暑代謝喜怒無常飲食失度諸念雜沓四大難調稍一觸發百病頓作隨後就有一箇死字來未免手忙脚亂矣老聃云吾有大患爲吾有身古聖先賢視此身爲大患者深知五欲牽纏七情催逼一墮苦海千生萬劫無由出離所謂一失足爲千古恨轉頭便是異途人話到這裏寧不悲

十有三時至西歸功業在天下道德在天下樂善名聞在天下將來賢公輩龍驤豹變聲名赫濯一一在天下誰不稱之頌之感之念之則太翁死而不死此即大道分明而報施善人不爽也何佛聖言教之不足信哉是以老僧喜之不暇而不復為悲悼也大凡悲悼者亦為人世自已有不足處可悲可悼耳願賢公輩以父之道沒世不忘非獨章大孝並行大善於天下代代如此皆成不死之人矣話到這裏老僧病亦霍

然還羨太翁生中得死老僧又在死中得生於此具隻眼縱去太翁十萬八千里無一絲毫間隔也且道即今面目在何處聊爲下箇註云若非羣玉峰頭見會向瑶臺月下逢特遣副寺僧持瓣香勺水畧叙輓歌申奠於太翁之靈并惟賢公節哀自慰餘懷縷縷未盡筆舌

難得工資究其所得能有幾何設或亦如叅學
者之懈怠不肯任勞豈但妻兒老小全家失哺
即一身一口無聊生矣今使叅學者皆有妻
兒老小其妻兒老小之衣食仰給於叅學者且
利養亦在叅學中不得不要道業速成而苦叅
力學之狀有不同於俯首燈前自鑽自催者哉
如此精進不雜用工夫敢報諸佛菩薩一齊合
掌跪拜下風矣何故道念若同情念成佛有餘
吾當速改聯句讚歎贈之不暇何感歎之有乎

何感歎之有乎
王聞余病愈數遣使速還順化命意諄諄訂於十月初八日登程從陸往先走札諭慶悉後堂天雨知客在彼預備老僧行止
腹瀉頭痛纔愈口破舌爛又發仔細思量總之老僧薄福每多缺陷致常住修造工匠懸望隨杖大衆參差不一兼之宿生欠人口業債都要塡還未免勞他太過以至是也然少病少惱亦非藥石可以醫治惟隨侍和順便是老僧安穩

之方不慮無水火使用但患無此妥當藥材日
來精神色力總不如舊須得知道理人與我體
貼一上心同氣合病不待醫而自愈矣況兼內
外人事精粗是非皆要老骨頭支撑並及左右
陶起氣來還要費許多脣舌與衆調攝吾之薄
福固然豈非隨杖弟子輩之咎乎今說不得索
性拖泥帶水勉強行去且看有那箇發心菩薩
爲常住爲大衆爲老僧眞能爲巳者話到這裏
撑持法門之人若非將身命全舍安有不打退

堂鼓耶刻下國王又差內官持書請老僧上順
化言方丈寮室廚庫圊房從新造在天姥寺供
應俱備專候行李此一片至誠供養心甚爲難
得因允次月初八只得拽杖走一遭汝等在彼
應先料理無至老僧大衆到時七起八倒也凡
彼中官民落索世事一切勿與始見吾道人行
履致囑致囑

初一日內監奉令先至橃檯軍三百名與馬備乘
行李扎縛適值陰雨作寄駙馬右屯營書

聞大越國有樞密駙馬元公者品志賢豪爲霄
驃驍一流人而深信禪那作吾教屏翰又非霍
公所能望見知其人非一日也况千里蒞任出
鎮之際方寸中尚有一遺世老頭陀在順化禪
林特囑公弟持華翰以淨俸賜而溫語慰之可
知其心矣既蒙厚賜竟踞不恭之却私意必圖
握吐而後領惠未遑奈抵國來諸公槩未往謁
不得面教曷敢濫叨但願一識韓荊州豈不勝
封萬戶侯哉然人之相知貴相知心吾謂凡謀

面而稱相知者恐非知其心耳管仲云鮑子不以我爲貪以其能利我爲知心也是則心屬利乎豫讓云智氏國士遇我我以國士報之以其能名我爲知心也是則心屬名乎以下而言無僞不交非親不黨舉世擾擾誰不言某某我之相知也相知則是矣其能於我之心果知乎眞相知而知心者如孔子生於唐虞夏商之後相去千餘年未嘗與三王五帝識面而知其惟微之道心如吾宗大智出自震旦蕭梁之時隔西

竺靈鷲甚遠未嘗與釋迦文佛識面而見其一
會儼然未敢誠可謂相知心矣老僧與駙馬至
今未曾識面而未嘗不知駙馬重道之心知其
心未見其人孰謂非相知者耶駙馬重道心在
鄉黨在朝堂在順化出之輿　路人之口碑尊
札佳既殷殷辱須天下誰不知之也但愧無所
見聞之方外朽人何以受過愛之知故聊以拙
書一軸拙錄一部奉覽雖筆墨欠堪言何不文
亦出老僧之心耳駙馬晒存拳拳不淺也是時

未及候駕　歸又奈海風不便揚帆尚未
還山暫止　土差內使再四見召已備夫
馬立候度嶺約十月望後准到天姥寺此番把
臂亦天假因緣自古知心聚首良非容易數行
預布臨馳神往
初七日內監催夫欲先發扛余瞻風色明日必有
大雨恐途中打濕行李須雨後發行初八果雨至
十一始霽十二早起程通吏道領闔府耆長張絲
旗攜榼擔鳴金遠送行者送者夫馬駢闐散漫數

里秋雨新晴土彩如春蒼山綠野刈稻〻秧紛〻
壟畝將二十餘里與三台相望送者陳茶食具中
膳畢辭回方欲紆道三台一宿始行監官不可復
去數十里暮色沉烟林巒片上遵海而南白水〻
沙無數蓑笠聲影飄杳行露衣寒望去蒼茫一派
素車白馬排空而至別爲一種景色抵旅店而明
燈進膳矣次早約十餘里橫渡一溪過小嶺再渡
一溪爲艾嶺之麓馬不可行悉易緉輿嶺下居民
最苦官役一行既衆夫不備數逃竄者則沒其釜

於官應赴貧民難形骨立披髮哀吅顧之惻然余語催夫官各給還其釜叩謝而去過午登山石路峭屼齟齬初行夾道叢篠漸上兩行秀木挺拔數丈無枝附卷曲山結根林中喬柯奪露故爾聳出安在其廡生蓬中也迴瞰海洋漁艇千帆蟻立不動乃如登高瞰下與仰觀三曜運行而無動相者一致也莊生謂視下猶此誠不誣矣企足高望嶺隱雲際惟瀑泉一道如疋練表雲衣而出之躋此爲嶺之半云僕夫健捷足若不點地折旋於坎

壞岩石間倏忽巳身入雲中矣左顧竹莽蜿蜒乍度聽顯有聲如風行草偃謂蚺蛇云然莫見其形體矣行澀幽香斷續爲艾花殆無見處也野果交垂山花爛熳至花上生花葉中結子非耳目所經者不可得而悉似爲節屋幾間清泉環帶賣茶以給行旅也　風帘閒颺隔人寰絕頂雲盤飛空沾濕襟袖俯視木杪白猿成行大如人長尾遷徙飛擲而振落淅瀝也漸下聞洪洪淋淋聲出山坳一片也　以祈嶺自下至見海矣轉近始知爲雲

也已而陰晴石苔滑遍地青燐
向聲愁踦人立觸處覷面杖拄鏘
然乃名也前店方張燈遲客開輿從至竄匿
林阻恐撃夫也巨木爲橋者三結架牢固湍流激
石噴薄滑溢乃前疑雲海濤聲也佇立橋上山湧
月來空谿多開凄神寒髮比下懸崖而迎軍列炬
四照投店宵分矣名山秀木絕巘清泉在在可居
何無卜築其上者山往來要道修理無人深爲歎
惜適有戚子廣大踰嶺來迎謂余曰吉乃發心彭

修嶺路特乞緣引遂疏云
惟此要區古稱艾嶺接順化西南之脈引會安
東北之觀日邁時征歷過幾多歲月泉鳴木落
驅馳千里風霜鎮藝關鐵陵橋十方分界古城
國高橍寨八面通商何其葉谷摧殘可奈滄桑
遷變嵌斜凹凸空流出岫之雲傾覆縱橫目斷
凌霄之磴草深苔滑翠濕煙寒荷擔僧參學僧
以彼修行有數中華客外藝客在他利益必經
如履薄冰往往艱難履險似臨蜀道紛紛辛苦

臨岐當補缺陷坑好教諸子百家雜踏再除荊
棘嶺任使六凡四聖同登見泥掩泥尤超布髮
承然燈之足隨地鋪地還勝買園償太子之金
實進步之本因豈獨覺之小果兹戒子廣大乞
老僧一言郎據行走人多行方行便總要二字
設云修善者少修前修後超出三途但從這條
路上來免得那樣墮下去塡半邊水鑿半邊山
快哉到處逍遥釘幾丈椿築幾丈土樂矣典工
次第脚下要令端正心中須發眞誠或施力或

捨財何妨衆手舁衆當捐傳當助石曾教一徑
相通動步知歸尊名遠違

次早煙雨迷離盡日行霖潦中王差左右工部該伯官駕紅船預待海口領隊軍五百接至中途跪而請曰王差某祗候多時以天雨泥濘行失遠迎言訖引導而行是夜凡三宿旅館矣明日五鼓登舟廻憶下會安泊舟時王臣相送去峰添翠路改新流轉盼五越月也成道中書事詩十八首

三台常在望巖竇昔經過白鳥去無影青山奈

爾何王程催驛使野與結煙蘿留取天邊月今
宵照舊阿
紛紛納禾稼正復打新秧小雪留殘暑單衫臥
網林沙墟喧夕照少婦剪檳榔行李勞軍士殷
勤奉汝王
三宿并州道爲程半海邊銀濤驚拍岸水鳥没
飛煙衣上露華滿林端月鏡圓征夫行照影裊
笠散平田
細草尚抽綠平皋十月中牧牛疑道者騎馬喜

頑童絲竹翻涼吹鳴鉦響遠空頑余堪發笑海
外任飄蓬

從陸仍經水西風機棹輕煙波隨地出燈火隔
林生客有難歸思秋多作暮聲故山今夜月最
是石樓明

磴道蒼蘿裏盤旋紫翠重雲生三面海山盡一
聲鐘避世宜長住幽人不易逢夕陽新帶雨紅
濕半崖松

亂花明澗底石裂補莓苔疊嶂溪煙合深林鳥

道開虛空領幽異曲折上崔嵬忽聽潮初起寒
光到處來
老僧宜晏起況值晚秋天異國征前路中宵不
得眠雞鳴艾嶺下馬繫竹牀邊茆店猶昏黑軍
夫催着鞭
四過横木渡一上插天峰花落空闊艾雲深不
見龍蚪蛇行窈窕松鼠竄蒙茸絕頂何人屋煙
嵐盡日封
轟雷飛上岸立水激沙洲日色平西下濤聲自

北流海雲能作雨繞樹不知秋過嶺崎嶇路青
青叉渡頭
秋色紛紛映林苛花氣也山羊氣宿霧野象立
荒榛客路山全異大洲島亦新有來當九月風
物盡爭春
一望天迴嶂幾層木綿川人盤尖樹杪日落鳥
痕邊暖氣浮霜草荒郊胥鬱煙當途有虎豹行
戒况山川
層巒陰秀木綿繁煙澗泉野果嘗難遍山花記

不全獼猴挂秋樹空脆灑晴天物色憑誰賞分

明炎海邊

林深山月黑處處散青燐哀響聞猿嘯危峰逼

獸蹲石苔愁徑滑網挾淚軍仁記取其中事明

燈細細陳

歸舟辭順化返坐會安車山影殘陽斷筏飛陡

壁斜綠煙凝柳樹紅雨憶桃花投宿還鄉夢誰

知不是家

穿山凌海上高下[illegible]參差歸燕無棲壘土人取燕窩爲

饑狐出斷碑洞門泉曲折碕荔翠紛披遲暮過

陵谷占城龍戰旗支嶺舊與占城分界今為大越因及之

秋雨秋風急行行復暫停板橋西北路村落竹

林青遠樹天邊下頹房不畔爲高岡一俯首漁

火亂流星

炎蒸分手地不道使重來潦歇晴時岸崖添霜

後若使臣王命急冒雨戰船開獨愧無由報爲

書尚未裁

適木瀞居士聞祝爵侍者言皆重巳輕人動稱我

輩及問我字落處彼又茫然大都我不知我因書
以示隨杖諸子
世間之稱我者以假我爲我皆非眞我也如富
貴利達我有而樂彼有即不樂是貪爲我也設
若一物吾所貪彼亦貪互相貪之得則喜失則
悲頓起爭心是嗔爲我也以其爭奪嗔勝而獲
利致貪戀營謀輾轉無厭足直至老死將來猶
不知覺是癡爲我也明明放着一箇眞我盡被
貪嗔癡冒名爲我置我無地使我不知作我清

淨身中之蝨賊而我竟隨他昧却何止終身受
瞞生生世世爲其役使還道此七尺能行住坐
卧喜怒哀樂能動能靜計較思量竟認以爲我
之全軀豈不大謬也哉然畢竟以何爲我須識
眼中瞳子而前人一切無我則何物不從我有
如居亭草木鳥獸昆魚其初不自知爲何物因
我目之而著名焉則居亭草木鳥獸昆魚皆是
我也珠寶金玉衣飾器皿其初自不知爲何物
以我目之而分類焉則珠寶金玉衣飾器皿皆

是我也從父母而來我所自出由子孫而去我之所生世間一切事物道理纘承前人遺制則前人就是我也世間一切事物道理傳貽後人相繼則後人亦是我也廣而推之天我也地我也人我也以及日月星辰山海林泉分而各立合之無不是我亦無不是人也我人萬物一體同觀始能毋意毋必毋固毋我是故眞人無位無始以來本我良知葢因一念存我執我煩惱妄生覺我空我無明自淨惟不住人我斷常等

信地機緣始啓乃唐盧祖手植菩提夢感中興實明桉臺囊捐俸禄王御史晋芳勒銘炳煥精藍憨大師挂鉢哦詩指揮心要座臨五羊石門出白鵝潭竹木千行春到羅浮分翡翠波濤萬頃秋延庾嶺漾青螺物換星移人越幾朝王霸日風清月朗香生百里素馨田岡中雞犬桑麻渾如太古筵裏煙霞丘壑苑爾深山尚未埋馬跡車塵儘可容獅騰象踏雖則真常不壞奈何世諦全非耍至無聊招提焉繼椽檐上蛛網羽

絲遮不住飄搖風雨法身中燕泥鼠隙說不得
燦爛衣珠村裏牧童竟來牽作嬉戲路旁過客
徒向斷礎吁嗟亦非臺階級都灰更欲登高何
處百尺井泉流盡竭安知照影誰人豈龍天之
呵護無靈抑道運之興衰有數愧修行綿力支
法席惟心勉應衆紳衿同二十四保之召恐辜
諸耆宿並公卿碩彥之誠難辭蚊蚋負山未免
螳螂距轍驅馳三載不逮臨濟栽松躑躅九秋
強效壽昌推石七絃纔奏萬指齊奔雖偏廡小

構粗成而大殿尊祭未備正殿配殿前後左右
殿悉賴斬新禪堂齋堂寶鏡雲水堂諸祈輪奐
向懷此志敢告同心如曹溪如青原如南嶽遍
中華佛祖庭從無外國主維持若顯聖若靈隱
若博山惟浙江法相寺始有高麗王設立十年
蓄意竟未得上海令潮一念格人或可陟層峰
絕頂渡河固當用筏覺岸就在回頭須把空手
鋤待蒔秉時種畝畝耕而收粟易曲蘖設而化
門開頭面相呈知音幸遇一梁一棟須求真實

良材片瓦片磚定要磨稜結角不比初期鹿苑
分明別有禪天縱廣以兜羅界道高低以綵縷
銀繩鋪上莊嚴福果作用證云清淨體本自無
形何消覆蓋須知功德幢元先有主必假修爲
大越阮道者五千金直下承當粵東广頭陀二
八願晉教事畢紅玉階前白石燈隨他人往人
來金香爐下鐵崑崙笑看花開花謝文壇士尋
題勝跡走珠江太史公微吟嘉樹遊香浦壯觀
薝蔔輝映詞林從茲設列一弘規自後承爲十

院無私利益種智同圓

王聞頫首肯曰明春老和上歸代我修建長壽殿

堂得福蔭小國皆賴慈庇也乃訂十一月初四

延二十四衆禮萬佛懺以[illegible]十日爲期午後

回天姥東朝侯差家人送[illegible]鄉果[illegible]候安曰主人

聞道駕至理合恭迎奈[illegible]病[illegible]親來省

弁言致意遂同札問訊云

急切告行止到峋嶁山前北風[illegible]不能歸

國王聞之接回順化一轉眼頃不覺[illegible]越[illegible]

專使先施始知大士違和然五蘊本空病從何
有總之憂國憂民起見也維摩爲欲饒益一
切衆生無病示病先令知夢幻泡影身大患恐
怖生厭惡脫離之想而後說法身功德斷苦獲
樂發其求進道心及乎衆生病愈而維摩病亦
霍然大士以是病爲衆生作良藥也可奈今時
衆生之病比昔更難調治莫因其不已而遂不
已乎思念之至亟欲遣侍問訊雖有目連鶖子
不堪問疾之任所[illegible]者而正爲大士能以心照

瞿曇必知老僧耳目來清骨想都平復顧此爽
亦成就人之所不免爲義虞且大矣堯舜病在
博施濟衆句　一日困苦一日思濟孔子病在
老安少懷句　一日傾沛一日不安老聃病在
常樂我淨句　一日憂患一日無寧釋迦病在
指迷破暗　一日不明一日悲憫不了是故
聖人病在　而克己凡夫病于貪而怨己病于
名者矯于情病于利者短于行熙熙攘攘于乾
坤六合間其來久遠若一處不病此一處不成

世界一人不病此一人不合時宜天下皆然則
吾大士以一病而攻羣病又安可以已哉蓋士
由心生一念未生時四大尚無名字心與病土
境緣假合豈真有耶是知維摩不二法門開一
多權大士之疾亦復如是敬□修候好音報我
爲慰

二國□宋公爲該伯時余初□□以厚禮枉顧
今拜左丞相舉國稱頌作啓□
伏以中書須補袞上姓氏□□金陵□公相實救時

者是甚麼人師云待汝一口吸盡西江水然後向汝道且道此語是答其所問耶是另出一機耶是指不與萬法爲侶之人耶是有不傳之秘在其中耶試將此一一究竟又不得強自穿鑿妄以意識解會又莫以一切不立任自所見於豁達空裏過了大當在忙亦如此究竟閒亦如此究竟縱遇逆境交關不開處亦如此究竟管取生處漸熟熟處漸生又勿論能究竟之人與所究竟之話頭是一是二是有是無是凡是聖

是情是理是世法是佛法用心至此忽然撞着豁然大悟而大笑也至所言悟之一字如人有生死相關事約到某處聚會商量方能妥當絶清早起梳洗穿襪怱迫間穿了一隻脚那一隻襪竟不見了遂向除櫃箱籠中房屋牀壁間無處不尋到杳不可得只得放下氣來停思至極幽微處尤不可得忽低頭行見兩隻襪俱穿在一隻脚上伸手脱來穿去便是何等爽快方知原在自巳脚下悟則如此所謂踏破鐵鞋無覓

處得來全不費工夫若此也雖根有利鈍悟有
遲早慎勿隨一往偷心稍得一知半見就認是
了未免走入路頭不是路頭七差八錯反不如
格上而今總未知覺還好過半三不四之光景
果要究竟必須究竟到透頂透底始不涉此岐
路也若非將平日所見所聞若是若非一齊放
下死心參究　倘大定處不成混蕩鑽亦是昏
沈鐵自己以爲本有光明都見得澄潭清湛無
浪無波皓月空明無塵無翳恐吾如來藏裏無

如是法如不盡除一往見得透徹無有不是之習氣直饒你眞到此地步正謂死水不藏龍便是生死岸頭不了之事有志叅學人最忌之病總被箇明字障在眼前錯認病爲藥耳苟以本分事爲急務者管甚禪道事理留戀心喜不喜於此轉身則禪道事理留戀喜惡自然眼上揭去一任翳不爲明暗障，否則佛之一字我不喜聞要門道得說也道不得直須親見一隻脚穿兩隻襪子的落處脫來穿去一任橫行直走

去始信老僧之言不謬也不然猶坐在飯籮邊
叫肚饑勿嫌唐突容當再續
卧病會安時果公再四乞舉劉淸爲管理洋貨該
府之職偶誤聽作札薦之王批准用舊例應納國
課銀一萬兩限十日完繳劉以王批四處强壓勒
借逑余撫順化衆客船主紛紛歸怨備述其人素
爲不端鑿鑿有據僉薦賢爲國本係美舉若此其
人將必剝商害民反爲厲階正擬明叅其弊且彼
事欲懇余贊助速成然一誤不可可再誤乎遂却

之而果公甚爲不悅謀之近侍寵人仍稱老僧所
薦究成其事日後傷敗罪過誰歸因與國王論用
劉清書
天下事可有時不得行道不可一日不明也事
不得行權不在己於我無損道不可不明言則
由我於人有益故復因用劉清始末闡發詳盡
且陳左右焉當開國有忠臣家有諍子所以成
君父之爲聖賢故都俞之朝不忌吁咈而承歡
下不過幾諫唐虞三代之告其臣曰爾有嘉

諛莫敢則入告爾后又曰爾毋面從而有後言
孔子於子路沒日自由也死忠言不入於耳而
歎天祝予古之聖人惟恐不獲日聞忠藎之言
何也葢人君一身託處臣民之上喜怒好惡足
以生殺貴賤於人而爲臣下者大都圖富貴貪
生畏死之流多愛君愛國正言直告不避危亾
者極少更有一種機深奸險輩結交君之私人
與女寵宦官連成一片惑蔽人主耳目排抑正
人拒絶讜論以便竊弄權柄援引奸黨圖巳利

不顧其君所以忠義之臣見其如此愛君之情迫於不容自已初或婉轉規諷不從則繼以危言觸怒甚至以死諫以去就爭此豈不知邀君喜好以得富貴而必欲犯惡怒以取貧賤哉誠以忠愛素明以用人行政間務引其君於正道不肯苟且貪汚以遺君有後日之悔而已老僧開法中華三十年來飢食困眠冰冷方外亦時熱腸於國計民生居是邦必爲王侯卿士所泛愛時政之得失民生之疾苦每承咨訪知無不

言言無不盡輒中其要於事幾未著之先而當路公卿亦以余身在局外於世間事理了明洞達無貪利無懼寔能於是非當否明目張膽切指情弊事或關係者以一言而決今日之在貴國與在中華亦行無有二心也況今老僧與王名分賓師愛猶骨肉前日於劉清曾有一言之薦是老僧誤信國師也況聞衆口同詞備述其奸知爲不良之人辜恩負德其素性也當我朝掃清海上時無所依歸藍總兵止一面之雅卯

而翼之藍貧不能賠侍渠得認貨船付之泛海營生恩德之於劉清不可謂不厚矣受藍厚恩不思圖報一旦相負去而不還累藍賠敗則國師今逆老僧爲渠竭盡心力維持擔認他日亦不難辜負勢必然也猶望其做好官爲國効勞以報王恩此萬無之理矣且昧心之人無權無勇尚藉他人威勢以逞暴肆惡設法夤緣瞞王硃筆點名強壓借債若一官到手軍士爲爪牙愈得濟其狠毒之性又有同類一班瞜昧鬼蜮

爲之主謀羽翼必致枝節横生殘害商民爲地方蠹賊兼借債爲官常分所入不足以供每年子錢之費母錢拖欠無所從出必在洋船商貨上百計誅求甚至敲骨剝髓船客歲遭其害將視此邦爲畏途而不敢來便斷商賈是貽害於國也又且傳播四方謂王國待客人苛刻其損德王聲名不更甚乎彼輩奸謀四布强者受其詭計囑託而不能言弱者畏其毒手而不敢言今日老僧不言更有誰爲王言者此所以極言

不諱而不欲王之用也豈容以三千金爲市欲余顛倒是非再加一詞贊許於王前以成其事不亦更可笑也哉不思老僧受王誠請皈依王之供養何事不隆重周全老僧即有未完功德王必歡喜成就寧尚屑屑於錙銖汚穢之物試看老僧在王國中將一年矣從未有一事受人賄囑求王用情者初時不知誤薦于彼亦國師之愚非老僧意也不然前日數書何以如是激烈也王敬愛老僧者也敬則不忍人之輕視故

海外紀事卷六

嶺南長壽石頭陀大汕厂翁譔

客窗風雨兀坐夜深偶閱國士翁記錄論詩

說禪語似是而非大都佛法文章賦詩作偈

貴在打破意識從根本智流出自有自然落

處徒使博學強記未免附會牽合也因書此

與攝之黄居士一消寒雨并示諸子

書固不可不讀道尤不可不明真明道人雖不習

文字未嘗不通文字若不明道徒攻文字未免強

合雖言句了了義無落處每有之也子瞻學士之爲文筆隨意到如風入竅如水赴壑逆順莫不自在此即真禪及乎作意說禪有舉空中書經跋金經一篇話竟不知是經非可以色見聲求者判爲止得半部此其強合也既自郊爲五祖戒再來何又忘却本分事反問叅寥託山色溪聲方稱悟道此其強合也金山酬四大五蘊話輸却玉帶鎮山門往往鼻索落在他人手裏以其一向用意識卜度聰明義理實不曾於道上打破隔陰之障病在

恍忽葢未親見端的耳神秀大師在黃梅會下爲八百龍象之首領博聞強記誰不推爲第一座其說偈曰身似菩提樹梵語菩提此云正知亦云正見虛靈無質惟性圓明或可指月與身何似先離却正知正見所謂之菩提則菩提樹豈有根耳鼻舌百骸四肢而可以比人之身乎此其強合也又曰心如明鏡臺不曾事理虛實明鏡下放一臺字作韻腳致鏡虛臺實所言時時勤拂拭是拂拭臺非拂拭明鏡卽心如鏡已非心矣如鏡之臺又於

心何與西天四七東土二三皆以心傳心非以鏡傳鏡而臺傳臺此其强合也作詩文有起承轉合說法亦復如是諦觀偈以身心雙起結語勿使惹塵埃是單結明鏡失却菩提非徒攻文字而義無落處乎此其附會强合也夫一偈且不論道之是否即字句之間已患三病所以盧行者別曰菩提本無樹明鏡亦非臺只消本無亦非四箇字如迅雷於迷雲黑霧裏從空劈頭打下來電照分明臺樹之非不待揀別人有不豁然者哉然又恐人棄

而薄者雨露之仁無以救其朽敗霜雪之嚴適以就其摧殘生息漸遠而根荄日削枝葉日衰遂以爲天地之戕之如是其酷也不知栽培傾覆天地止循其二氣往來之常而物之覆載其中者各成生殺之異用則不可謂天地之止生而不殺也至於九年之水七年之旱陰陽亦有偶乖其用之時此則氣數之變而非常者矣君者體天行道臣者奉君子民顧君臣咨儆日懼羣黎之未安爲田里樹畜以養之學校以教之使率由於日用孝弟之

中秀良特出者則有鄉士遂士之薦干旄爵秩之榮遂以爲君相之愛之如是其至也即奸邪貪戾初未嘗不爲之委曲化導終或頑梗不從乃移之郊移之遂聽其自新旣而匪辟之習日與性成害及善類始有放流之譴刑戮之加所謂殺一人以生萬姓遂以爲君相之棄之如是其極也堯舉九官十二牧而不諱四凶之誅文王惠鮮懷保而崇侯密伯有伐必明君良相虛公正大故能於善惡之倫舉錯不爽而天下日抵於平康設上蒙下諛

賄賂行公任一己之好惡爲愛憎正直守理之人怒其異己而排之讒諂贖貨之徒喜其附己而親之於是爵賞濫及於小人必致刑罰妄加於君子寖假讒邪滿路羅織爲奸蔽惑人主視聽政出私門上令下吏民無信守政亂國危有不可言者所謂信賞必罰非明廷無欲之大人不可也迨夫衲子自披剃爲僧之日北面載拜而辭君親超然方外已爲世網所不及慈忍之權悉操於師長溯法行震旦以來三教鼎峙中華京省郡縣孔廟之建

與寺觀並崇以祝釐護國守土宰官延擇明眼宗師主持法席十方雲水視爲依怙堂頭與之嚴明戒律量才設授使各從本分體究潛行默用格外提攜以轉凡成聖根器正大者自然直取向上一路精進修行也然叢林僧海凡聖同居其中愚頑狂妄不能動循戒律敗撿踰閑者間亦有之於是設立清規輕則跪香求懺重則罰擯燒衣單甚則活焚以爲法門除害在慈悲廣大亦何所不容而於冥頑暴亂究不得已而以大忍行其大慈者正

以摧邪扶正不令魔業得以辱沒佛祖門風也若一種逆行菩薩行深妙密脫盡窠臼與世間假老實裝真誠念佛修行者迥別如豐干蜆子濟顛蜡子之流應化聖賢不妨晦迹藏行橫提倒用游戲度生而自有出身作略具超分手眼始能辨識苟遇肉眼凡夫鮮不以為非僧所為亟欲殺之而後快者矣豈不為冤哉故天地帝王叢林各有賞罰生殺之用而要歸於維持世教以正人心未嘗不同者此也蓋國家設立叢林非但造理衲子明教

外別傳直指人心成佛且以朝夕焚修默運虔禱以篤生聖明爲國君相使在朝皆賢良正直無不敎以忠孝節義使天下知有爲善之樂四方烽息囹圄空虛於以調燮陰陽五行無愆雨暘時若羣生長育而無札瘥夭昏將見刑不用而人服殺不行而人畏有不熙熙皥皥而臻郅隆之治者哉今國王春秋鼎盛仗明公昆玉爲忠良擢之冢宰樞要之地而又咸屬渭陽爲所得爲正宜虛己禮賢集思廣益用正人行正事進正言建立學宮敬禮

師儒講明六經聖人之道自王世子及大臣子弟民間俊秀咸令入學聽講各府俱設學校教育人才不出十年舉國漸曉然於大人修齊治平繼往開來正大理學國中政事皆據理而行不以詐術陰謀相尚王每有令先與大臣商確於天理人情之公而後舉行至王令一出勢無移易庶威令尊嚴而大權不致旁落書曰王言如絲言一出而不復反也而匹夫一諾尚千金不移豈王人命令而是非曲直竟得以錢賄多寡囑託大臣瞞蔽人主

致一事而數經反復矛盾卽如蔡清官死於貴國貨物資本業已啓王奉令三股分派付船主帶回交其妻子爲養廉始見至公無私仁正之邦誰不折服乎豈有王命既行復又借端違令橫行亂作竟與羣小互相默食使蔡清生死不白四境聞之則君命不如臣令不亦羞德主而輕貴國也哉竊念貴國開闢以來數十世大率草創因循一切綱常倫理禮樂政教槩置不問不過因陋就簡苟且偏安國主盛年而知求明公又以算商持籌而不

暇及無君相爲之倡國中自瞢然不知聖賢經理之道人皆背義從利故狐媚敢於縱横豺虎得以當路而守正君子亦無能以杯水而救車薪之火也已抑更有進焉君侯昆玉皆位極人臣權總樞務老成舅戚勢處滿盈亟宜飭謙抑損避謗引嫌令舉國臣庶盡諒明公潔己奉公引君正道而無覬覦之私行將與國同庥社稷宗廟世世綿長芳聲傳於史册不亦猗與休哉否或不能正心率物任奸回宵小以爲奔走腹心妨賢病國聚斂徇私

侵撓人主威福恐一旦時移事去勢同瓦解即欲
求爲匹夫而不可得如漢諸呂唐諸武以及五侯
七貴彰彰往籍大可寒心老僧叨王禮爲師見愛
君侯承接席之歡輒發其不諱之論少効愚忠雖
在高明廣遠不復顧此老僧常談尚期泰山不棄
土壤益成其高河海不擇細流益成其大毋以鹵
莽見呵則國王幸甚生民幸甚君侯幸甚

示去非禪人

提得起放得下便是慷慨漢子惟怕向舌頭上出

兵空設天門陣虛磨雲刃刀則不特鈍置去非亦
鈍置老僧兩相辜負也古云大悟十八遍小悟不
知其數更不應以少爲足當棄小而就大矣苟要
徹底掀翻千了萬當報從上莫報之德須具殺人
不轉眼的手脚逢佛祖殺佛祖逢親友殺親友逢
人殺人逢自殺自方得快便相應稍有瞻前顧後
擬議將來好一把利刀反落在別人手裏不見瞿
曇老子發心時何等奮勇錦繡江山一舍總舍父
母妻子一割就割始有睹星大悟之日至今稱爲

天人師調御丈夫也子乃有氣骨人消不得自肯二字直下一揮兩段說甚臨濟赤幟不可奪曹洞司命豈不在掌乎雖然到這地步最怕以自爲是撒潑便行儘有差別智難明須要如喪考妣務將世出世間內外典籍前後秦漢晉人清談宋人理學細細讀過以及經濟權變之顯密機宜逆順之進退百家諸子一一涉獵方足補偏救弊莫似近時好做名士者書未曾讀三四卷物理一無所知遂要做晉人樣子特出翻騰不管先賢後達偏檢

最有意思人之極名言極善行一兩則逢人便舉僻說謬談糊判亂斷指摘不已貶駁盡情罵絶古今使人見他議論風生笑傲自居若有參天學問緯地經綸不怕不以名士才子稱之自此搖擺起來安然自大究竟書不曾開卷事不曾見面以此欺世盜名卽吾道中甚多此類嗟夫儒釋兩聖人之門何不幸而有此老僧非欲見聞奈生在世間搕着撞着不是假道人便是假斯文焉敢不以假面孔相待豈吾本心好爲之哉蓋因年來常住修

造公案未了只得隨宜宛轉但使叢林殿堂樓閣
尉庫山門願力一完急急閉戶讀書作終身之計
矣念汝尤在英年趁此精力強壯極好埋光下手
謾謂於諸方喫過幾多鹽醬長壽辣棘篷吞了多
少吐却多少雖非與望煙尋食者同日而語甚勿
以見過大海而自滿其水又莫以更有須彌而自
小其山正宜高築牆謾稱王三年不鳴鳴必驚羣
所冀他日鵬起南溟掀見吾佛祖脚下有人不辜
老僧拭目之意所謂時至勿失今之時當何時耶

餘不瑣瑣

爲酒過者說

人各有爲適情之具詩書六藝而外以及品茶飲酒釣弋聲色陸博凡所以引人耳目口體之交者不一而足葢血肉之軀頑然獨守使五官四支絕不與物接則氣脉鬱結不得流利天機亦將沉滯於枯寂而不復發揚是則適情之具外可以運行氣脉內可以發越天機而爲人之助者不少孔子獵較任公垂釣殆爲是歟世之人自已不能作主

不取適情而惟情是適一入其中遂致流蕩忘返
以喪敗其血氣殄滅其天機竟爲吾身之大患所
以毒藥砒霜用之恰好亦能生人不然卽參著附
子用之過度亦能殺人卽此是也然人於諸具中
或限於力或隔於地或缺於習縱欲爲之而不能
至於酒則隨分可致由是古之因飲而成名者固
多因飲而敗國亾身者亦不少邵子曰玄酒味方
淡此言其最初者也纔假有儀狄之制禹飲而甘
謂後世必有以酒亾其國者迨夫酒誥抑戒先聖

先賢自遭其失驗於已而鑑於人不自文飾備形醉態設立防閑以垂後世既詳且盡矣而後世一種聰明瑰偉之士就於其中弄出許多聲勢面目反令人見其醉中之妙不復以是爲嫌若淳于飲辯淵明飲韻嵇阮飲狂青蓮飲興於期飲勇數子者莫不各有所具於胸中不過藉此以寄其牢騷襟韻於是人得而稱之終非以其人之妙悉存乎此也故吾瞿曇戒飲酒而於樂餐醍醐釋子亦得少飲以培養其精神調和其血氣是瞿曇雖戒而

飲也孔子不戒惟無量不及亂不及亂則戒矣量而不亂人或能之無量而自不亂非聖不能要知瞿曇戒而飲孔聖不戒而飲皆不妨以我飲酒不以酒困而用我意未嘗不同也苟遺簪墮珥倒戴接䍦藉卩於淵明嵇阮之流以放浪於形骸之外無古人之具而徒縱其情不將與庸俗拘攣之輩猶爲彼能得於此乎藐姑射之山有神人焉不飲不食而肌膚若冰雪顏色若桃李何嘗待此以培養精神調和血氣哉彼自有所爲飲食者存其於

儀狄之尊不啻蜣蜋之視腐鼠而已吾願世之人慎毋同猩猩之嗜好也夫

示阿矣知藏

阿矣正在得意英年繁華靡麗時一旦投老僧剃度以叅學爲務是不待曲終酒闌而抽身非愚客也然叅學一路行如矢求如金古之不用拂塵緣鑿蜀道挺身前進者固多而逆水撐船進一退十者亦不少要知此事猶登壁陡峻嶺無由階級而上始得倘謂丁大茫無把捉從何人頭不知但有

把捉便不是不由階級登峻嶺之旨矣若非從無階級而求登峻嶺安得有工夫哉故壽昌老祖云虛空有路虛空大但恐時人不解行行得上去非其人不能話到此處甚不易言除非死盡一往聰明心計較心義理卜度心孳孳一味以呆鈍心如老鼠齩棺材認定一處朝齩暮齩自然齩透一箇去就不至登峰無路望崖而退也如斯呆鈍者還勝於學人在一段公案一章書旨不明便認字牵合以聰明意識消繳去誰肯用面壁九年寒窗十

載以待呆鈍心中跳出佛祖聖賢來昔趙州開法
問一答十忽遇問畧彴二字去不得七十而又行
脚必以親到親見一回方休蘇子瞻千載文豪喜
笑怒駡行於筆墨皆有明珠走盤之勢一到説禪
便失本色是聰明計較無濟於道即此可驗耳今
阿矣似聰明靈利不肯與呆鈍禪和爲伍又不以
道爲實可明之事日逐紆廻於悠悠忽忽之間則
聰明反致呆鈍而又不肯呆鈍自甘每向指月錄
上討活計吾恐貪他一粒粟失却半年糧也殊不

知五位七事三句六相四喝四縱一十九門總不在方策內日用尋常穿衣喫飯紅塵浩浩無處不是但須親到親見始不被古人舌頭瞞却如不親見以爲我已會禪道宗旨明本分者何異長壽老僧閒坐在招隱堂前潑心亭上望阿矣何日得眞正發明底事與老僧一解悶懷及四五年來竟不見有些動靜影響因不見時每想像曰此時阿矣必閉戶謝客燒香禮佛也此時阿矣必蒲團靜坐究竟本分也而阿矣實不曾燒香禮佛蒲團靜坐

皆老僧意中思維阿矣固以本分肯如老僧之意
中思維乎不然試看吾宗之書亦復如是其所載
曰此潙仰宗此曹洞宗此臨濟宗此雲門宗此法
眼宗亦曰即非潙仰非曹洞非臨濟非雲門非法
眼何故以其有色可見有聲可求有語言文字可
通從門入者不是家珍苟要親見從上諸祖落處
阿矣本來面目須向指月錄諸策子未開卷時囫
地一聲諸祖一時出現始見自巳本來面目如是
如是也可識這箇囫字否稍有未然勿輕放過

示可中侍者

本有箇好好的天真佛不覺此生落在強盜窠裏被意識引誘漸漸薰染就弄得東張西望打村劫舍起來一入這夥內無救無歸也可中侍者斷髮出塵似能與強盜反夥棄妄歸真之志矣相依老僧屈指十越星霜時中不知何處留心何事得力不妨將自己所知一一體貼看最初棄妄這一念非決烈男子聰利根性不能甚有造道之基與其日逐悠悠的流忘源混混芒沌沉淪本有又莫如

仍舊人影不亦免得望洋之歎乎大都有七尺軀之後生易偏在無憂無慮淸淸閒閒以致溺於情膠於愛汨沒於流俗自在呼之不返便爲可惜若處情不戀處愛不凝處得意順境不驕傲處失意逆境不衰志孳孳以衣綫下事不明爲急務始見丈夫氣度唯恐無恒因循過去又怕浮忽執滯四個字耽誤了所以王陽明先生向及門弟子曰顔子是最聰明人凡聰明者多浮忽故其問仁時孔子答以克巳復禮以眞實工夫治浮忽曾子是最

履實人凡履實者多執滯故孔子特告吾道一以貫之以活潑語專治其執滯孔子設教因人而施也然謂因人而施信已顧顏子問仁才聞克已復禮就請入門之目是爲他人作引請孔子就其請而答正是打鼓弄琵琶相逢一會家顏子豈浮忽之人乎曾子才聞吾道一以貫之便能曰唯復告諸子言忠恕而已矣一貫之旨果忠恕二字便消得則曾子非執滯之人矣是知陽明之告門人莫不因人而施老僧舉此亦猶是耳有以賊爲事者

欲誘子授其業夜往一家引子入櫃鎖櫃竟回少
時子亦歸問所脫之狀子告作鼠聲其家命僕開
櫃放鼠乘虛而出父曰作得賊了也昔顏子問仁
曾子曰唯非櫃中作鼠聲乘虛而出之所以哉雖
未敢以可中上比先賢亦當知舜何人也予何人
也今老僧因汝強盜窠裏逃來正好鎖在櫃中看
爾作何擺布又勿乘虛而出須當另尋活路脫身
始得設若擬議正好下手

乙亥春赴大越國請越歲歸帆已在初秋計

甲戌霪雨荔子少而味復不佳不飽餐者三年矣鄭子元居士由閩入廣食荔支每爲品評于其還也書此送之

海外還舟未十旬客中頻日送歸人羨君載得西湖月南北高峰作北鄰

黄柑十月飽經霜不及離支五月香幾度嶺南過夏至脆梅荔支名品滋味可曾嘗

冬日紫詮王大叅招樊太史劉銓部暨白社諸公過集小院分賦得七陽

臥病訝相訪都忘三徑荒到來鐘渺渺坐久月茫
茫海疊階前浪花辭徼外霜松門過使節水木有
輝光

海外紀事卷六終

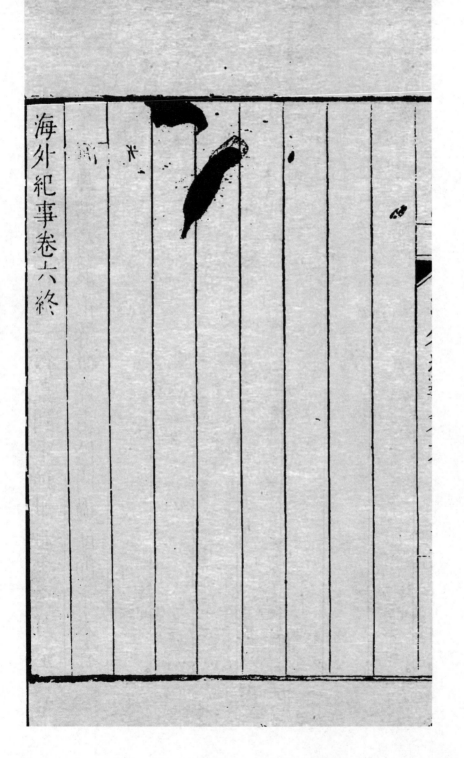